問題解決ができる、デザインの発想法

エレン・ラプトン 編

問題解決ができる、デザインの発想法

2012年3月14日　初版第1刷発行

編集	Ellen Lupton
翻訳	郷司 陽子
版権コーディネート	岡本 圭加
日本語版デザイン	sign
日本語版DTP	生田 祐子 (Far, inc.)
日本語版編集	松山 知世
発行人	籔内 康一
発行所	株式会社ビー・エヌ・エヌ新社
	〒150-0022
	東京都渋谷区恵比寿南一丁目20番6号
	fax 03-5725-1511　e-mail info@bnn.co.jp
	http://www.bnn.co.jp/

ご注意
※本書の一部または全部について個人で使用するほかは、著作権上（株）ビー・エヌ・エヌ新社および著作権者の承諾を得ずに無断で複写、複製することは禁じられております。
※本書について電話でのお問い合わせには一切応じられません。ご質問等ございましたら、FAXまたはe-mailにてご連絡下さい。
※乱丁本・落丁本はお取り替えいたします。
※定価はカバーに記載されております。

ISBN978-4-86100-785-9
Printed in China

First published in the United States
by Princeton Architectural Press in 2011
37 East Seventh Street
New York, New York 10003
URL: www.papress.com

©2011 Princeton Architectural Press
All rights reserved

No part of this book may be used or reproduced in any manner without written permission from the publisher, except in the context of reviews.
Every reasonable attempt has been made to identify owners of copyright. Errors or omissions will be corrected in subsequent editions.

Series Editor: Ellen Lupton
Editor, Princeton Architectural Press: Linda Lee
Book design: Maryland Institute College of Art (Lauren P. Adams, Christina Beard, Christopher Clark, Elizabeth Anne Herrmann, Ann Liu, Ellen Lupton, Chris McCampbell, Jennifer Cole Phillips, Virginia Sasser, Ryan Shelley, Wesley Stuckey, Beth Taylor, Isabel Uria, Supisa Wattanasansanee, Krissi Xenakis)
Art Direction/Style Police: Lauren P. Adams, Molly Hawthorne, Ann Liu
Cover design: Lauren P. Adams (front), Ann Liu (back)

This Japanese edition was published in 2012 by
BNN, Inc.
1-20-6 Ebis-minami, Shibuya-ku
Tokyo 150-0022 Japan
E-mail: info@bnn.co.jp URL: www.bnn.co.jp

ISBN978-4-86100-785-9

Printed and bound in China

目次

- 04 はじめに
- 06 デザイン・プロセス

01 課題の見極め方
- 14
- 16 ブレインストーミング
- 22 マインドマップ
- 26 インタビュー
- 30 フォーカスグループ
- 38 ビジュアル・リサーチ
  （情報の視覚的分析調査法）
- 42 ブランドマトリックス
- 46 ブランドブック
- 50 現地調査
- 56 デザイン仕様書

02 アイデアの出し方
- 60
- 62 ビジュアル・ブレインダンピング
- 68 強制連関法
- 74 動作動詞
- 78 あらゆる分野であらゆるヒントを
- 82 修辞的（レトリック）表現
- 88 アイコン、インデックス、シンボル
- 92 コラボレーション
- 96 コ・クリエーション（共創）
- 100 ビジュアル・ダイアリー
- 104 複数言語での表現
- 108 コンセプトのプレゼンテーション

03 形の作り方
- 112
- 114 スプリント法
- 120 オルタナティブ・グリッド
- 126 組み立てキット
- 132 ブランド言語
- 136 実物大のサンプル
- 140 物理的な思考法
- 144 屋外展示
- 148 いつもと違うツール
- 156 反復法
- 160 ビジュアル言語の再構築

166 Q&A デザイナーの考え方
- 167 どのように課題と向き合いアイデアを出しますか？
- 170 どうやって形を作りますか？
- 176 アイデアを編集するときはどのようにしますか？

- 183 索引

はじめに

デザイン・プロセスは、直感的な作業と考え抜かれた作業の組み合わせだ。1つのプロジェクトが始動するときは、たとえば長い散歩をするとか熱いシャワーを浴びるなどの個人的な儀式を執り行う人もいるだろうし、クライアントにインタビューをするとか質問表を配布するといった定型の下準備から入る人もいるだろう。しかし、多くのデザイナーが最初に行うのが**ブレインストーミング**だ。これは、アイデアを探るための第一歩として有効な自由形式の発想法であり、課題をあぶり出して解決し、思考の幅を広げるのに役立つ。

1950年代に考案されたブレインストーミングは、クリエイティブな発想を促す技法として急速に広まり、自らをクリエイティブでないと考える人に対しても効果を発揮した。今でもその効力に変わりはないが、この技法は、実用性と魅力を兼ね備えたアイデアを探すための第一歩に過ぎない。デザイン・プロセスは、課題を見極め、アイデアを出し、形を作るという3つの主要な段階で構成されており、本書では、その全プロセスを対象に、デザインを考え、作り、完成させるための30の思考法を検証していきたい。いずれの技法も、それぞれのプロジェクトやデザイナーの個性に合わせ、組み合わせたり改良したりできる。

創造の力を高めるための技法は、おそらく誰でも習得可能だ。才能と呼ばれる資質は理屈を越えたものかもしれないが、創作のプロセスは一般的に、予想できる範囲で進んでいく。その全行程を個々のステップ単位に分割し、さまざまな技法を意識的に活用しながら頭と手を働かせれば、デザイナーたちは発想の自由を得て、クライアントもユーザーも自分自身も満足できるような最高の解決策を発見することができる。

デザインは厄介な仕事だ。デザイナーは、結局使われることのないアイデアを数え切れないほど生み出さなければならない。振出しに戻ることも、後戻りや失敗を繰り返すことも、しょっちゅうだ。しかし優れたデザイナーは、進んだはずの道のりを引き返すこともデザインの仕事の1つだと納得している。真っ先に思い浮かんだアイデアがそのまま最後まで残ることはほとんどないし、プロジェクトが進行するにつれて課題そのものも変化し得ることを知っているからだ。

多様化したグラフィック・デザインの現状は、本書にも反映されている。今のデザイナーは、さまざまな社会的問題や新たなビジネス戦略に取り組むため、チームを組んで仕事をする機会が多い。その一方で個人として、各種のツールや思考法を自分なりに工夫しながら活用し、独自のビジュアル言語を生み出すことも必要だ。デザイン教育の現場では、学校の方針や学生の希望を受け、個性を伸ばすことを重視したカリキュラムが優勢となっている。しかし実務の大半は共同作業であり、デザイナーはつねにクライアントやユーザーや仕事仲間とコミュニケーションを取らなければならない。本書では、多様な事例を通して、デザイン・プロジェクトにチームで取り組むためのテクニックと、デザイナーが個々の創造性を押し広げるために役立つテクニックの両方を紹介する。

> 「新しいアイデアは、いったん思い付いたら頭から振り払うことはできない。新しいアイデアには、あらゆる状況を生き延びる何かがある。」
>
> エドワード・デ・ボノ

「design thinking（デザイン思考）」という概念は一般的に、アイデアを出し、リサーチを行い、試作品を制作し、ユーザーと双方向に意見交換をするための手法を指す。クリエイティブな問題解決法を広く人々に伝え、定着させる役割を果たしたのは、アレックス・F・オズボーンの『独創力を伸ばせ（Applied Imagination）』（1953年）やエドワード・デ・ボノの『水平思考の世界（New Think）』（1967年）だ。ドン・コバーグとジム・バグナルは共著『固定観念を打ち破ればどんな問題でも解決できる（The Universal Traveler）』（1972年）で、非線形のアプローチで問題を解決するためのさまざまな思考法を紹介した。ピーター・G・ロウは1987年に、デザイン思考という用語を建築の分野に導入した。近年では、デザイン・ファーム、IDEO社で活躍するトム・ケリーやティム・ブラウン等が、課題を特定して解決策を生み出すための包括的な技法を開発し、デザインは人々のニーズを満たすための一手段であると強調した。

これらの中には、もっとも広い意味でのデザインを対象とするアプローチもあるが、本書はグラフィック・デザインを1つのメディアとして、あるいは1つのツールとして捉え、そこに焦点を合わせる。アイデア出しの技法の多くは、アイデアを視覚情報として拾い集める仕組みを持っており、スケッチを描いたり、リストを作成したり、関係性を図解したり、網目状に広がる連想をマップで表現したりする。このように、解決策を探るうえで有効なのは、ダン・ロームが名著『描いて売り込め！超ビジュアルシンキング（The Back of the Napkin: Solving Problem and Selling Ideas with Pictures）』（2008年）で主張した通り、グラフィック的な表現方法だ。商品やシステムやインターフェイスをデザインするデザイナーたちが、商品やサービスの機能を説明するときに使うストーリーボードも、やはりグラフィック表現である。

課題を特定してアイデアを出し、解決策を提案する技法だけでなく、本書では形を作るための技法も、デザイン思考の一要素として捉える。デザイン思考の提唱者の中には、形を作るための実際的な作業をあまり重視しない人もいるが、形を作ることは創造のプロセスに必要不可欠な要素であるというのが私たちの見解だ。

本書『問題解決ができる、デザインの発想法（原書：Graphic Design Thinking: Beyond Brainstorming）』は、メリーランド・インスティチュート・カレッジ・オブ・アート（Maryland Institute College of Art＝MICA）のグラフィック・デザインMFA（美術学修士）課程に在籍する学生と指導教授によって執筆、編集、デザインされた。この書籍は、プリンストン・アーキテクチュアル・プレス社とMICAのセンター・フォー・デザイン・シンキング部門とのコラボレーションにより出版されるシリーズ本の第5作だ。これらの本を制作する作業は、学生と指導教授の双方がデザインに関する知識を広げるのに役立つだけでなく、さまざまな考えをデザイナー同士のコミュニティや、世界各地で創造の仕事に携わる人々と共有できる点でも意義深い。私たちが学ぶ教室は実践的な研究室であり、これらの本はその研究の成果だ。

文：エレン・ラプトン

参考文献

ティム・ブラウン著『デザイン思考が世界を変える――イノベーションを導く新しい考え方（Change by Design: How Design Thinking Transforms Organizations and Inspires Innovation）』（千葉敏生訳、早川書房、2010年）（原著：ニューヨーク、ハーパー・ビジネス社、2009年）。

ビル・バクストン著『Sketching User Experiences: Getting the Design Right and the Right Design』（サンフランシスコ、モーガン・カーフマン社、2007年）。

エドワード・デ・ボノ著『水平思考の世界―電算機時代の創造的思考法（New Think: The Use of Lateral Thinking in the Generation of New Ideas）』（白井實訳、講談社、1971年）（原著：ニューヨーク、ベーシック・ブックス社、1967年）。

トム・ケリー、ジョナサン・リットマン共著『発想する会社！――世界最高のデザイン・ファームIDEOに学ぶイノベーションの技法（The Art of Innovation: Lessons in Creativity from IDEO, America's Leading Design Firm）』（鈴木主悦、秀岡尚子訳、早川書房、2002年）（原著：ニューヨーク、ランダム・ハウス社、2001年）。

ドン・コバーグ、ジム・バグナル共著『固定観念を打ち破ればどんな問題でも解決できる（The Universal Traveler: A Soft-Systems Guide to Creativity, Problem-Solving, and the Process of Reaching Goals）』（稲垣行一郎訳、産業能率短期大学出版部、1979年）（原著：サンフランシスコ、ウィリアム・カーフマン社、1972年）。

ピーター・G・ロウ著『デザインの思考過程（Design Thinking）』（奥山健二訳、鹿島出版会、1990年）（原著：ケンブリッジ、MITプレス社、1987年）。

アレックス・F・オズボーン著『独創力を伸ばせ（Applied Imagination: Principles and Procedures of Creative Thinking）』（上野一郎訳、ダイヤモンド社、1982年）（原著：ニューヨーク、スクリブナーズ社、1953年）。

ダン・ローム著『描いて売り込め！ 超ビジュアルシンキング（The Back of the Napkin: Solving Problem and Selling Ideas with Pictures）』（小川敏子訳、講談社、2009年）（原著：ニューヨーク、ポートフォリオ社、2008年）。

はじめに

DEFINING THE PROBLEM
課題を見極める

 ブレインストーミング  マインドマップ  インタビュー

デザイン・プロセス

デザイン・プロセスを構成するのは、課題を見極め、アイデアを出し、形を作るという一連の作業だ。ここでは、実際のプロジェクトを例に挙げて、これらの段階の要点をかいつまんで紹介する。その過程でデザイン・チームが利用するさまざまな思考テクニックについては、次章以降で詳しく解説する。ここで取り上げるプロジェクトは、デザイン担当がメリーランド・インスティチュート・カレッジ・オブ・アート（MICA）のグラフィック・デザインMFA（美術学修士）課程の学生たちで、デザイン・チームのリーダーはジェニファー・コール・フィリップス（Jennifer Cole Phillips）、クライアントはチャーリー・ルーベンスタイン（Charlie Rubenstein）、プロジェクトのテーマはホームレスの人々に対する地域住民の認識の向上だ。単一のプロジェクトでホームレス問題のあらゆる側面をすべて扱うのは無理なので、デザイン・チームは焦点を絞り込み、利用可能な資料や情報だけで成功させることのできるプロジェクトを計画した。

2008年のボルチモア市の統計によれば、市内で暮らすホームレスの人口は3,419人だった。そこでデザイン・チームは、3,419という数字をキャンペーンの軸に据えることで、ホームレス問題の規模の大きさと、ホームレスの人々もそれぞれ個性を持った人間であるという事実を伝えようと考えた。クライアントと連携しながら、デザイン・チームはミドル・スクールの生徒たちがホームレス問題への知識を高めることのできるプログラムを考案し、実践した。
文：アン・ルー

「デザイン・プロセスは、最高にうまくいけば、アートとサイエンスとカルチャーが志すものを1つに統合することができます。」
ジェフ・スミス

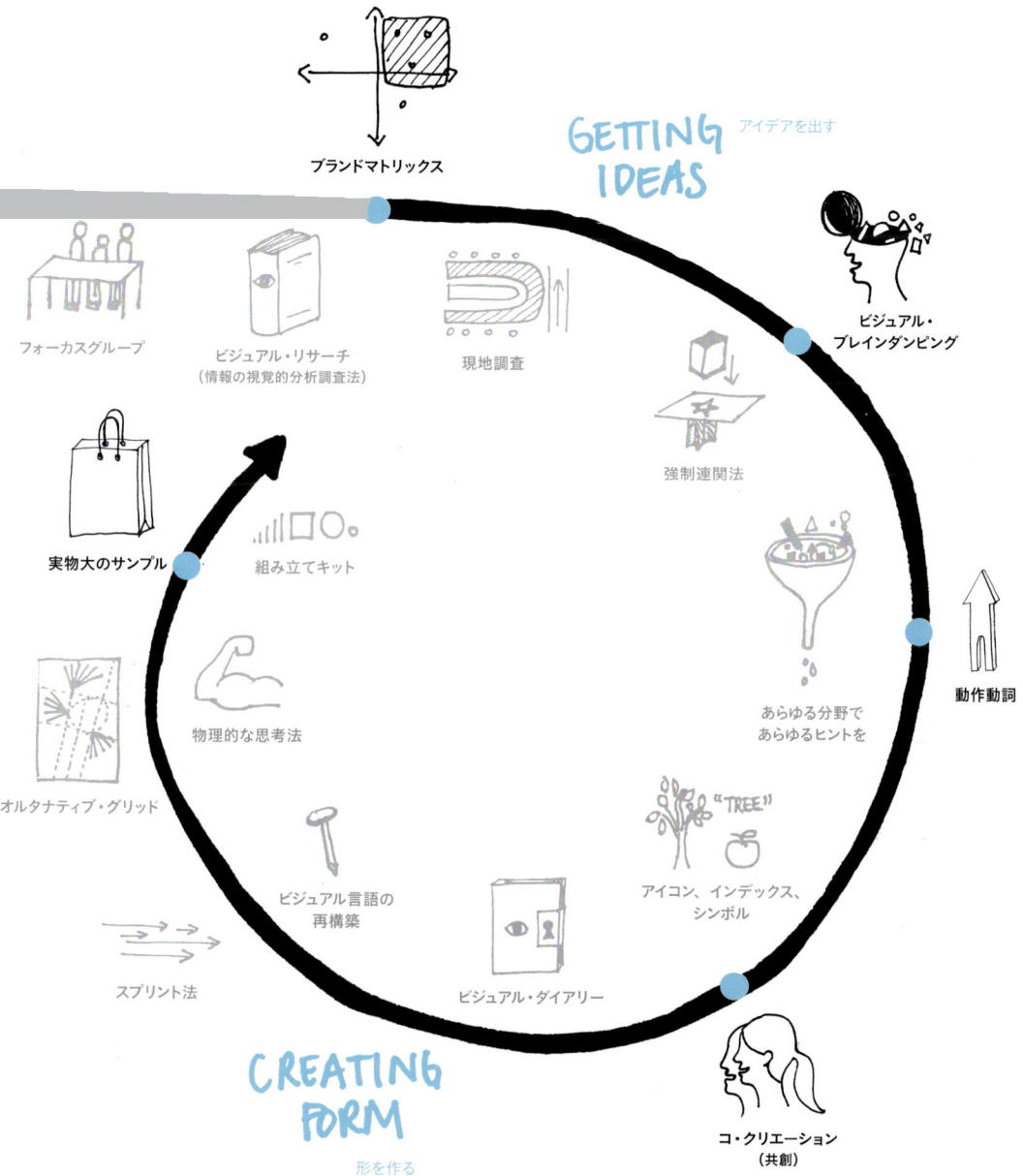

デザイン・プロセス

課題を見極める

チャーリー・ルーベンスタインへのインタビューより

インタビュー
クライアントやその他の関係者と対面して話し合うと、人々が自ら認識している目標やニーズがよくわかるようになる。これは、3419ホームレス・アウェアネス・キャンペーンの主催者の、チャーリー・ルーベンスタインへのインタビューだ。録画したビデオを分析し、要点を抜粋して紹介する（26ページ「インタビュー」を参照）。

チャーリーのボディ・ランゲージと併せて考えると、彼はホームレスの人々に対する現行のサービスに満足はしていないが、一定の価値は認めていることがわかる。

ここでチャーリーの口調は速くなり、声のトーンやボディ・ランゲージにも、より大きな動きが現れる。そこに示されるのは、ホームレスの人々をただの数字ではなく生きた人間として捉えるべきだという彼の強い信念だ。

インタビューでは、重要な言葉が聞けるまでに時間がかかることが多い。ここでも開始から45分経ってようやく、この3419キャンペーンでクライアントが達成しようとしている目標の本質を聞くことができた。

3419を1つの組織的なプロジェクトとして捉えたときの、今後5年間の展望を聞かせてください。
はい。私が望んでいるのは、ここボルチモアでのホームレス対策を計画し直すことです。私はこの活動を、非営利団体などの第三者団体レベルではなく、内から外へ向かう、市民全体の動きとして展開したいと考えています。
　ボルチモア市当局によるホームレス・サービスなりホームレス対策について、私が一番問題だと思うのは、内容が非常に表層的なことです。掘り下げ方が不十分です。彼らの対応が間違っているわけではありませんが、私の考えでは、何らかの新しいアプローチが必要です。

新しいアプローチについて、具体例を挙げてもらえますか？
もちろんです。必要なのは、より質的な側面を重視したリサーチです。人の一生にはさまざまなストーリーがあるはずなのに、現在行われているのは量的な調査ばかりです。ですから何か政策を立てても、そこには単一の切り口しかなく、ホームレスの人々すべてに通用するものにはなりません。何より問題なのは、制度上の問題とはいえ、私たちが人間のことを数で扱っていることです。彼らがまるで顔のない、あるいは心のない存在であるかのように捉え、ホームレスという1つのジャンルとして扱っているわけです。彼らがただの3419という数字であるみたいに。
　私が作りたいのは、生きた人間を基本にしたプログラムです。私たちは人間について話をしているのだし、彼らは1人1人違っています。ですから、その1人1人を理解することに取り組んでみてはどうでしょう？　彼らはどんな生い立ちを持ち、何という名前なのか…私は6ヶ月間に渡る質的調査研究で、実際に市内を回って500人余りのホームレスの人々にインタビューをしたいと考えています。それも、たった1回のインタビューではなくある程度継続的に。そうすれば、彼らが何者なのかを理解することができるでしょう。

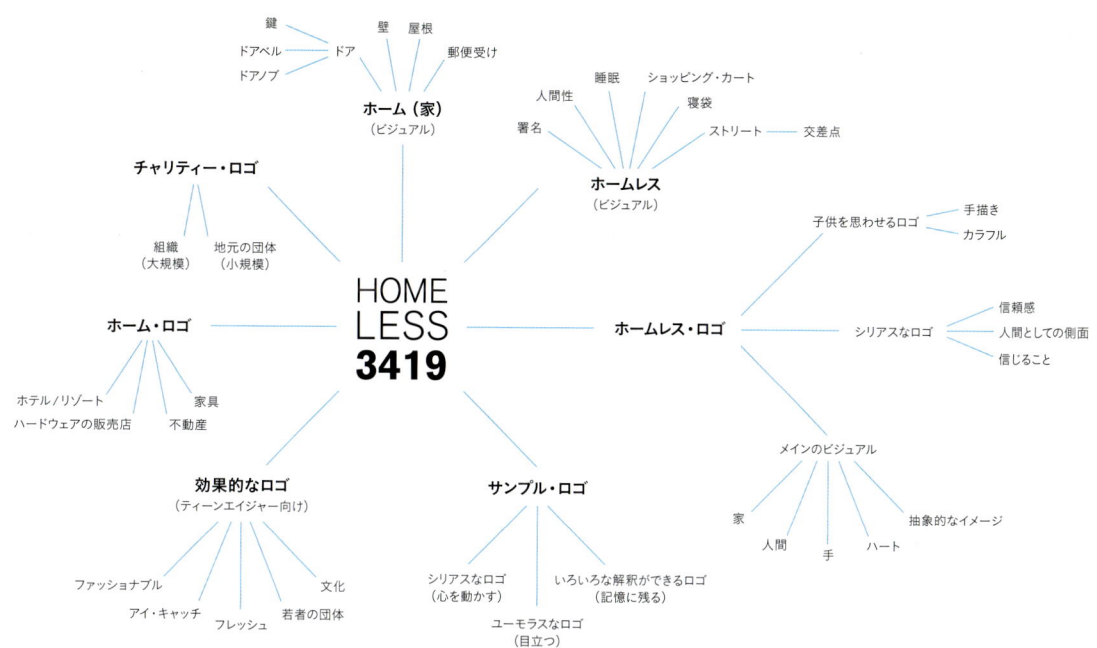

マインドマップ 連想の広がりをそのまま視覚化したダイアグラム。これをデザインに利用すると、プロジェクトのあらゆる方向性を体系的に整理しながら、手早く検証することができる (22ページ「マインドマップ」を参照)。

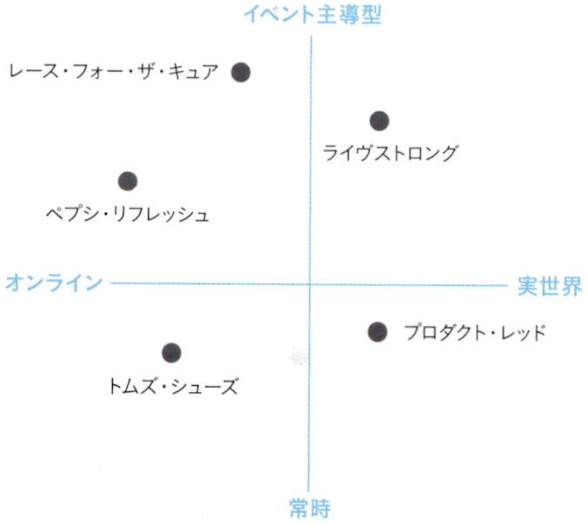

ブランドマトリックス これは、より良い社会を目指す各種のキャンペーンの位置付けを相対的に表すダイアグラム。単独のイベントか継続的に行われるイベントか、という基準と、オンラインで展開するイベントか実世界で開催されるイベントか、という基準に沿って、個々のキャンペーンの性質を分析している (42ページ「ブランドマトリックス」を参照)。

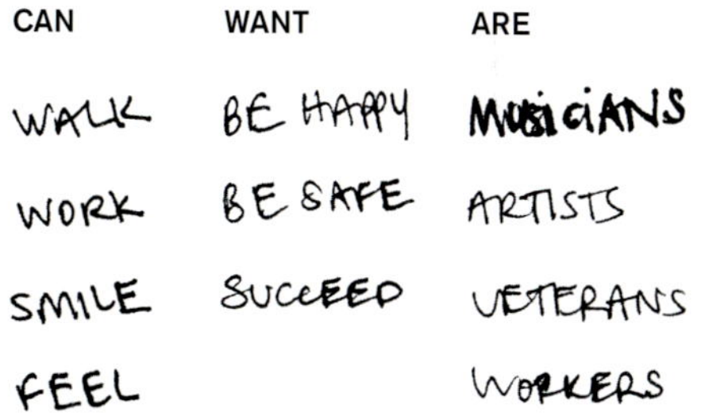

ブレインストーミング このキャンペーンでは、ホームレスの人々にとり物質面で不足しているのは何か、という問題ではなく、それでも彼らが持ち続けているものは何か、という問題に注目することとし、デザイナーたちは、「can＝できる」、「want＝望む」、「are＝である」という言葉を基準に、伝えるべきメッセージを探った (16ページ「ブレインストーミング」を参照)。

デザイン・プロセス 9

アイデアを出す

動作動詞 さまざまなビジュアル案を手早く作り出したいときは、基本テーマに動作動詞を当てはめて動かしてみると面白い。ここでは家のアイコンが、拡大する、縮小する、引き伸ばす、平らにする、解体するなどの動詞を使い変形されている（74ページ「動作動詞」を参照）。
デザイン：スピサ・ワタナサンサニー

ビジュアル・ブレインダンピング デザイナーたちは、3419という数字で多種多様なタイポグラフィをデザインしたのち、それらをいくつかのグループに分類して、このプロジェクトに最適な形を探した（62ページ「ビジュアル・ブレインダンピング」を参照）。
デザイン：クリスティーナ・ビアード、クリス・マッキャンベル、ライアン・シェリー、ウェスリー・スタッキー

形を作る

コラボレーション 3419キャンペーンでは、ユーザーに同一のステンシル型を配り、自分だけのバージョンを自作してもらうことになったので、いくつかのデザイン・チームが同一のステンシル型を共有し、さまざまなアレンジを探った (92ページ「コラボレーション」を参照)。
デザイン：ペイジ・ロンメル、ウェンズデイ・トロット、ハンナ・マック

3419
オリジナルのDINボールド

3419
字形を単純化してウェイトを軽くしたバージョン

3419
ステンシル型が作れるようさらに調整したバージョン

実物大のサンプル ユーザーが自作したピローケースをそのままポスターにする方針が定まったところで、実物大のサンプルを制作。完成時と同じ状態に仕上げた見本があると、クライアントや関係者に対し、アイデアを具体的に提示することができる (136ページ「原寸大見本」を参照)。
デザイン：ローレン・P・アダムス

ステンシル型製作のための下準備 3419のアイデンティティにステンシルを使用することが決まると、デザイナーはステンシル型を作るにあたり物理的な問題が生じないよう、既存のフォント「DIN」を微調整し、カスタム文字を作成した。
デザイン：クリス・マッキャンベル

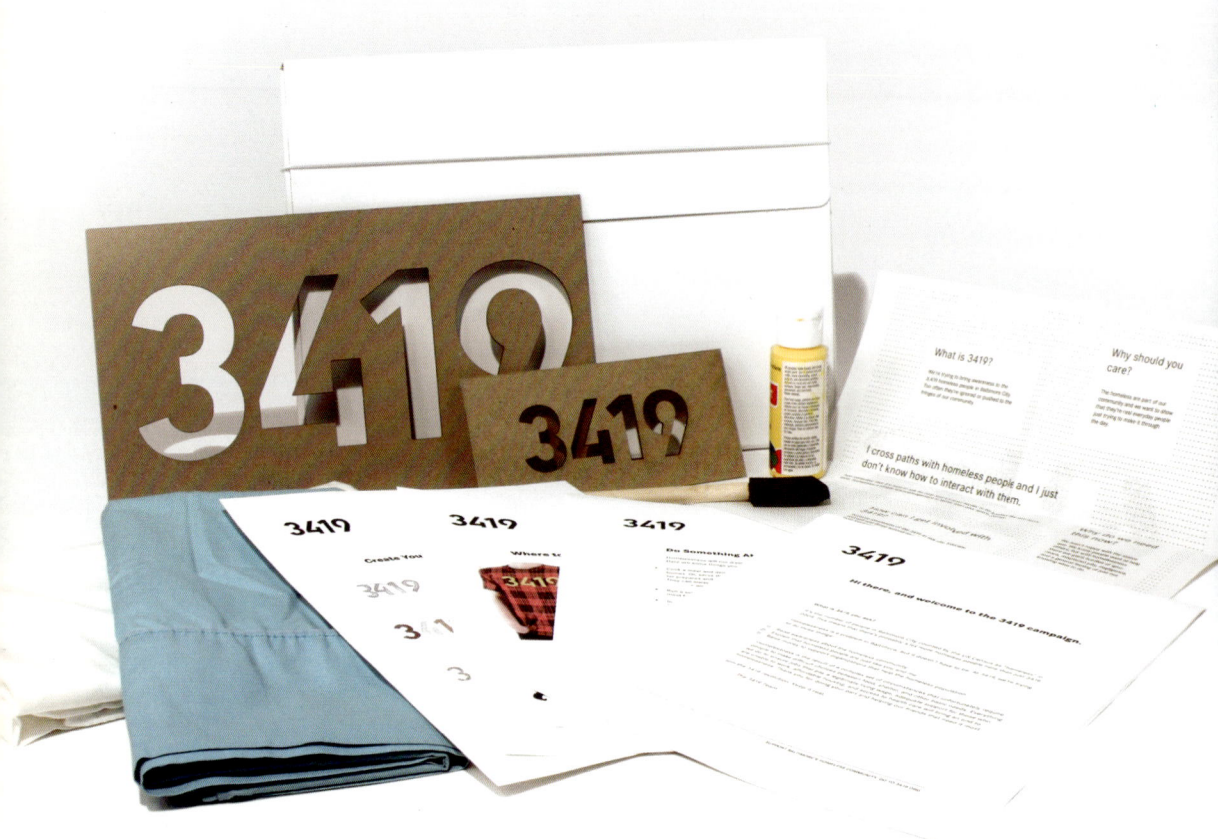

キットの全アイテム デザイン・チームはまず、ミドル・スクールの生徒たちにボルチモア市のホームレス問題の現状を伝え、ホームレスの人々を援助するために何ができるかを知ってもらうため、ポスターとワークシートを作成した。さらに、キットに同梱するアイテムとして、2つのステンシル型、2枚のピローケース、ボトル入りの顔料、絵筆を用意した。生徒たちが各自これを使って自分だけのピローケースを作ると、それがそのままキャンペーンのポスターになる仕組みなので、生徒たちはホームレス問題に関心を寄せ、自分のベッドを持たないまま眠りにつくことの意味を積極的に考えるようになる。

デザイン：ローレン・P・アダムス、アン・リウ、クリス・マッキャンベル、ベス・テイラー、クリッシー・クセナキス

創造のプロセスの繰り返し

デザインは、つねに進行し続けるプロセスだ。デザイン・チームが完成させたデザインは、世の中に出て実効性をテストされ、変更や修正が重ねられていく。今回の3419ホームレス・アウェアネス・キャンペーンの場合は、ミドル・スクールで配布するキットが完成した時点で、第一段階のプロセスは終了した。しかしこのキットは、プロジェクト・チームのデザイナーたちがミドル・スクールの生徒たちに働き掛け、その中身を使ってそれぞれのビジュアル表現を形作るよう促す内容なので、プロジェクトはそこからさらに次の段階へと発展し、新たなデザイン・プロセスが再びいちからスタートした。

コ・クリエーション（共創） 3419キャンペーンのデザイン・チームは、地元のミドル・スクールの生徒たちを対象とするワークショップを放課後に開催し、ピローケースの制作を呼びかけた。制作されたピローケースはそのままポスターとして、学校や市内各所に掲示される。このように、ユーザーにも制作プロセスに参加してもらうのがコ・クリエーションだ (96ページ「コ・クリエーション（共創）」を参照)

「課題は、十分に見極めれば、
半分は解決される。」

ジョン・デューイ

課題の見極め方

デザイン・プロジェクトの大半は、製品の改良、新ロゴの開発、コンセプトのビジュアル化など、クライアントに何らかの課題が生じることからスタートする。デザイナーとクライアントはどちらも、はじめのうちはこれらの課題をごく表面的にしか捉えない傾向があるが、それでは大きな成果は望めない。たとえばクライアントが認識しているのは新しいカタログの必要性だけだとしても、実際はWebサイト、販促イベント、新しいマーケティング戦略などを連動させたほうが良いかもしれない。新しいロゴタイプの制作を依頼された場合も、デザイナーの立場から判断すると、シンボルマークを作るか、ブランド名を新しくするほうが国際市場では有効かもしれない。商品パッケージの変更に向けたリサーチが、生産および流通システムの改善につながるようなケースもあるだろう。

デザイン・プロセスの初期段階では、質より量でアイデアをたくさん出し、好きなだけ遊んでみよう。一面に散らばったアイデアの中から有望な候補案を選び出すのは、もう少し後だ。選び出した候補案を1つずつビジュアル化して検証する作業は時間がかかるので、最初の一定期間は制約を設けず自由に可能性を追求し、キーワードのリストやスケッチをどんどん作ると良い。そうすれば、見慣れた場所だけでなく、未知の領域も開拓していけるはずだ。

この章では、デザイン・プロセスの初期段階でデザイナーが課題を見極める（そして疑問点を明らかにする）ための手法を紹介する。ブレインストーミングやマインドマップは、軸となるアイデアを得るための手法、インタビュー、フォーカスグループ、ブランドマトリックスなどは、ユーザーの希望や市場の状況を分析することで課題をあぶり出す手法だ。これらの手法の多くは、プロジェクトのどの段階で取り入れても構わない。しかしブレインストーミングは、デザイン・プロセスの一番はじめに行われることが多いし、他の思考テクニックの母体とも言える手法なので、ここでは最初に解説する。

これらの思考テクニック（偶然性に任せるものか計画性を重視するものかに関わらず）は、そもそもなぜ必要なのだろうか？　クリエイティブな人は、デスクに向かうだけでクリエイティブになれるのではないか？　多くの思考テクニックは、頭の中にあるアイデアを外に出し、何らかの枠組みに当てはめることで、それらのアイデアを比較し、分類し、組み合わせ、序列をつけ、共有をする仕組みになっている。思考は、頭の中だけでは成立しない。思考とは、次々に浮かんでは消えていくアイデアを有形のもの（つまり言葉、スケッチ、試作品、提案書など）に移し変える作業のことだ。近年は特に、共同作業を行う人々が、共通の目的に向けてグループで思考するケースが増えている。

ブレインストーミングは、アレックス・F・オズボーンが、著書『Applied Imagination: Principles and Procedures of Creative Thinking』（ニューヨーク、スクリブナーズ社、1953年）で明らかにした手法である。※日本語版『独創力を伸ばせ（新装版）』（ダイヤモンド社、1982年、上野一郎訳）は絶版。

ブレインストーミング

ブレインストーム（ストームは「嵐」または「嵐のような現象」、転じて「閃光」、「集中攻撃」などの意）という言葉を聞いて、どんな光景を思い浮かべるだろうか？ 多くの人が思い描くのは、黒い雲の裂け目から光が射し、さまざまなアイデアが雨のように降り注いでくる様子だろう。しかしこの言葉が本来、比喩的に表現するのは、そのような気象状況ではなく、より荒々しい戦闘状況だ。**ブレインストーム**という言葉は、マディソン街の広告マン、アレックス・F・オズボーン（Alex F. Osborn）による造語であり、彼は名著『Applied Imagination』（1953年）で、誰もがクリエイティブに思考することのできる画期的手法としてブレインストーミングを紹介した。これは、1つの課題に向けてあらゆる方向から同時に攻撃を仕掛け、連射式の質問で課題を撃破し、有効な解決策を引き出す手法を意味する。オズボーンは、どれだけ手強い課題でも、十分な思考の砲火を浴びればいつかは降伏すると考えた。また、どれだけ融通が利かず、因習に捕われた人でも、適切な状況の中に身を置けばイマジネーションを発揮するとした。

　現在ブレインストーミングは、幼稚園の教室から企業の会議室まで、至るところで実践されている。デザインの現場では、プロジェクトの初期段階で課題を見極め、アイデアを出す際に、ブレインストーミングをはじめとする各種の思考テクニックが役立つ。それらの思考テクニックを利用すると、キーワードのリストだけでなく、簡単なスケッチや図も作成できる。いずれも手軽でありながら、心を開放し、型破りな発想が持つ力を引き出してくれる手法だ。

文：ジェニファー・コール・フィリップス、ベス・テイラー

「真にふさわしいアイデアは、見るからにそれらしいアイデアの正反対であることが多い。」

アレックス・F・オズボーン

写真：クリスチャン・エリクセン

グループで行うブレインストーミングの方法

01　司会者を選ぶ
ホワイトボードか大判の紙、またはノートパソコンを用意し、司会者がすべてのアイデアを書き留めていく。そのとき司会者は、いくつかの基本的なカテゴリーを設定し、アイデアを分類していっても良い。司会者はブレインストーミングの進行役に過ぎないので、そのグループのリーダーである必要はない。忍耐力と意欲と落ち着きを兼ね備えた人物なら誰でも司会者になれる。

02　テーマを明確にする
テーマは具体的に提示したほうが成果があがる。たとえば「キッチン用の新製品」というテーマだと焦点がはっきりしないが、「キッチンで困ること」というテーマにすれば、参加者は普段キッチンでどんな作業をし、どんなときに困ったと感じるかを考えやすい。テーマをさらに細かく分類し、料理、皿洗い、収納などに限定すると、おそらく発言はさらに活発になる。

03　すべてのアイデアを書き留め、取るに足らないと思われるアイデアも除外しない
どんなアイデアもためらわず自由に出して良いという原則を、参加者全員が共有することが大事だ。突飛なアイデアは、第一印象では下らない思い付きにしか見えないことが多いし、よくあるタイプのありふれたアイデアが出てくることもあるだろうが、それらもすべて、確実に記録すること。それによって思考が整理され、新しい発想が生まれることがあるし、単純なアイデアを組み合わせて優れたアイデアができあがることもある。

04　終了時間を設定する
一般に、終了時間が決まっているほうが、参加者はより積極性を発揮する（また、いつになったら終わるのかと不安を感じずに済む）。時間を切るだけでなく、アイデアの数に上限（たとえば100個まで）を設定するのも一案だ。ゴールが見えると、人々はそこに向かって走ろうとする。

05　フォローアップ
ブレインストーミングの最後に、各種のアイデアの重要度を評価し、参加者の今後の役割分担を決める。必要に応じて記録係を選び、話し合いの記録を作成して配布すると良い。ブレインストーミングは、その場では盛り上がっても、時間が経つと内容が忘れられてしまうことが多い。

ケーススタディ
デザイナーズ・アコード サミット

2009年秋、デザイナーズ・アコード（Designers Accord）は、世界的に活躍する100人のオピニオン・リーダーを招待し、2日間のサミットを開催した。これは、デザイン教育とサステナビリティ（持続可能性）をテーマに、出席者がブレインストーミングやプランニングやアクションを展開する、参加型のイベントだ。サミットの立案者でありデザイナーズ・アコードの創設者でもあるヴァレリー・ケイシー（Valerie Casey）は、サミットのプログラムをレイヤーケーキ（多層状のケーキ）のように構成し、少人数での短いグループワークの時間と、大勢が集い活気に包まれる講演の時間と、寛いで楽しめる交流の時間を、順番に日程に組み込んだ。さまざまな活動を組み合わせてメリハリを作れば、参加者が疲れにくく、最大限の成果を引き出すことができる。

参加者は8グループに分かれ、グループごとに、コア・チャレンジと名付けられたワークショップに取り組むが、そこでは各グループが、それぞれ異なる種類のレンズをはめ込んだ、架空のメガネを装着するよう言い渡される。そうすると、論題がグループ間で引き継がれていくたびに新しい視点が導入され、その結果多彩なアイデアが集まって大きな成果が実る。進行係は参加者代表のアシスタントと上手に協力し合い、たっぷり用意されたマジックやポストイットやホワイトボードを駆使しながら、メンバー間の活発な対話を促し、その成果を記録した。

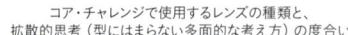

コア・チャレンジで使用するレンズの種類と、
拡散的思考（型にはまらない多面的な考え方）の度合い

レンズ1
テーマの提示方法を変更し、回答可能な単数または複数の質問に作り変える

レンズ2
テーマについて現時点でわかっている事柄をすべて書き出し、系統的に整理する

レンズ3
新しいアプローチを自由に考える

レンズ4
既存の情報と新しいアイデアを分類してまとめる。内容を補強し、組み換え。弱いアイデアを見つけ出して取り除く

レンズ5
解決策を否定する。そして、うまくいかないと考える理由をすべてリストアップする

レンズ6
解決策を強化する。それらの解決策がデザイン教育とデザイン業界の現状に合っていることを確認する

レンズ7
解決策をもっとも望ましいかたちで実践するために、試作品や計画表を作成する

レンズ8
解決策をわかりやすくまとめ、発表する

ソーシャル・ブレインストーミング（上図および右ページ）
こうした集中力を要するワークショップの合い間には、参加者の意欲を高めるような講演や、即席の和やかな交流会が開かれた。ワークショップでは、進行係が参加者代表のアシスタントと組んで、ありとあらゆる平らな面（床、壁、窓、ホワイトボード）に文字やスケッチを記録しながら、さまざまなアイデアを掘り起こし、膨らませ、選別していった。
写真：クリスチャン・エリクセン

さまざまなレンズを使う（左図）
このサミットでは、サステナビリティとデザイン教育というテーマを、各種のレンズ越しに観察し考察する仕組みが採用された。そうすると、レンズの種類に応じて思考の自由度が増減する。
レンズ別チャート作成：ヴァレリー・ケイシー

「外れの思考とは、身に付いた習慣や常識を
打ち破り、正解から'外れて'いるように見える
発想も否定せず、できるだけたくさんの解決策を
生み出そうとする考え方のことです。」

ジョン・ビーレンバーグ

ケーススタディ
パイラボ (PieLab)

デザイナー、ジョン・ビーレンバーグ (John Bielenberg) は、自身の独特なデザイン・プロセスを外れの思考と呼んでいる。彼はプロジェクトの最初に、クライアントとデザイン・チームとで集中ディスカッション（彼はこれを「ブリッツ」と呼ぶ）を行うが、そこではブレインストーミングと自由連想法（free association：思い浮かんだことを自由に連想し、言葉にする発想法）を、正解から外れていくための仕掛けとして利用する。外れの思考を用いると、話し合いの参加者はさまざまな思い込みを手放して、自由にたくさんのアイデアを出すことができる。そのようにして得られた思いがけない発想や、一見当てずっぽうのような発言が、解決策の軸となることは多い。

ビーレンバーグは、新進のデザイナーに社会を変えていく活動をするよう呼びかける、プロジェクトM (Project M) という組織の創設者だ。2009年にメイン州で開催されたプロジェクトMの集いで、彼らはこれといった活動の方向性を決められないまま日程の半分を過ごした。アイデア出しのプロセスを活気付けるため、ビーレンバーグがそれぞれの参加者に特技を尋ねたところ、パイ作りが得意なメンバーがいることがわかり、そこから、手作りパイを社会貢献活動の軸にしてはどうかというアイデアが生まれた。そのようにして企画されたのが、フリー・パイ (Free Pie) という48時間の公開イベントだ。このプロジェクトの成功を受け、アラバマ州グリーンズボロにパイラボ (PieLab) という期間限定ショップが誕生し、最終的にそれは正式な店舗になった。フリー・パイとパイラボはどちらも、単なるパイ作りの店ではない。地元の人々がそこに集い、語り合い共に過ごすための場所だ。ビーレンバーグはこの一連の展開を、こんな風に表現した。「会話はアイデアを生み、アイデアはプロジェクトを生み、プロジェクトはポジティブな変化を生みます。」

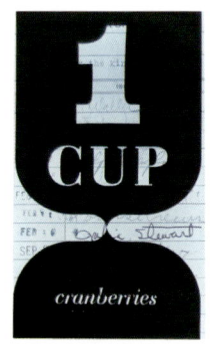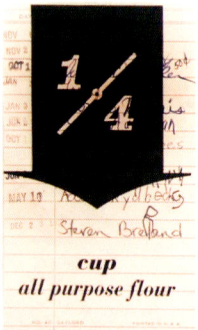

レシピ入り案内状
デザイン：ハイク・アヴァニアン、アマンダ・バック、メリッサ・カレンズ、アーチー・リー・コーツIV、ミーガン・ディール、ロザンナ・ディクソン、ジェフ・フランクリン、ダン・ギャヴィン、ジェームズ・ハル、ハンナ・ヘンリー、エミリー・ジャクソン、ブライアン・W・ジョーンズ、リーナ・カリア、ブリアン・コスティック、ライアン・レクリース、ロビン・ムーティ、アレックス・バインズ、アダム・セイナック、HEROスタッフおよびボランティア
写真：ダン・ギャヴィン

集う
パイラボの開店日には、スワニー大学 (Sewanee University) に通う音楽好きの学生たちが集まった。
写真：ブライアン・W・ジョーンズ

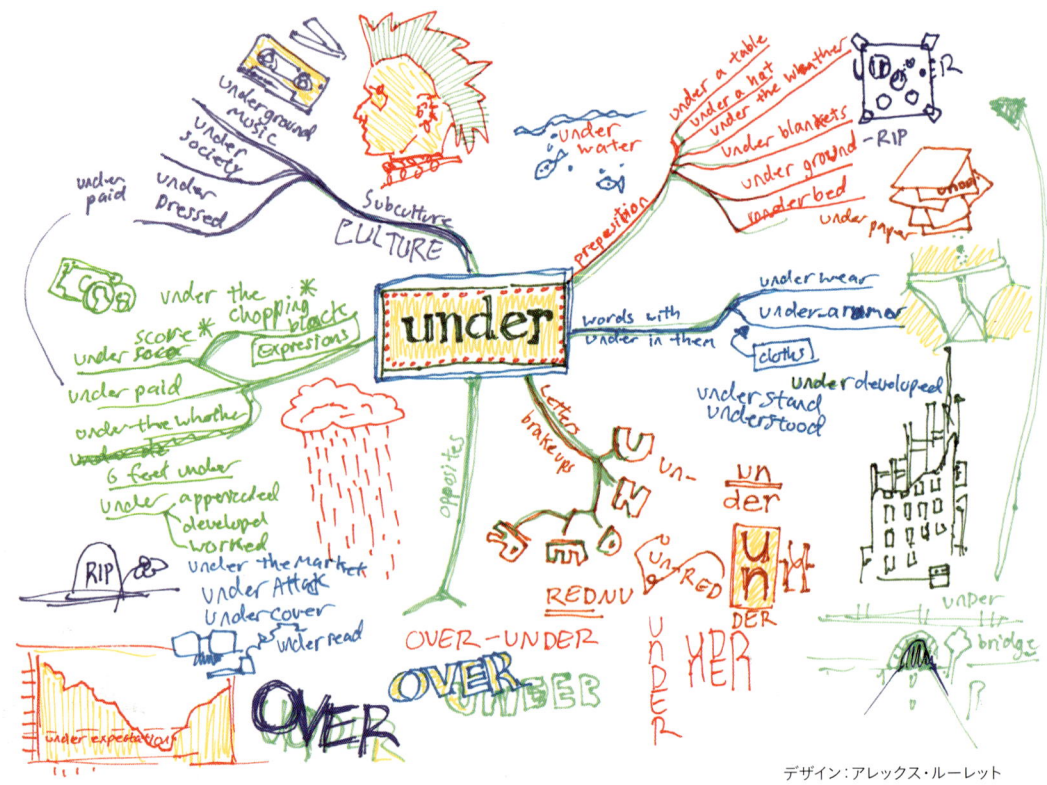

デザイン：アレックス・ルーレット

マインドマップ

マインドマップは心の内側を探索するための思考法であり、「放射思考」とも呼ばれる。この手法をデザインに利用すると、提示された課題やテーマ、あるいは特定の分野について、心の中に散らばるアイデアを隅々まで手早く探し、拾い集めることができる。やり方は簡単で、まず紙の中央にキーワードを書き、そこから連想される言葉やイメージを周囲にどんどん書き加えていけば良い。

　マインドマップを開発したトニー・ブザン (Tony Buzan) は、心理学的なテーマを扱う有名な著述家であり、この思考法を著作とワークショップで広く提唱してきた。マインドマップの描き方についてブザンは、ブランチ (枝) の色を1本ずつ変えるなどのルールを細かく指定したが、現在は無数のデザイナー、ライター、教育者などが、ルールにとらわれない直感的なやり方でこの思考法を活用している。バルセロナのデザイン会社、トゥールミックス社 (Toormix) のフェラン・ミトジャンス (Ferran Mitjans) とオリオール・アルメンゴウ (Oriol Armengou) は、この思考法を「クラウド・オブ・アイデア」と呼んでいる。

文：クリッシー・クセナキス

マインドマップの詳細については、次の書籍を参照のこと。トニー・ブザン、バリー・ブザン共著『ザ・マインドマップ ― 脳の力を強化する思考技術』、ダイヤモンド社、2005年、神田昌典訳（『The Mind Map Book: How to Use Radiant Thinking to Maximize Your Brain's Untapped Potential』ニューヨーク、ブルーム社、1996年）。

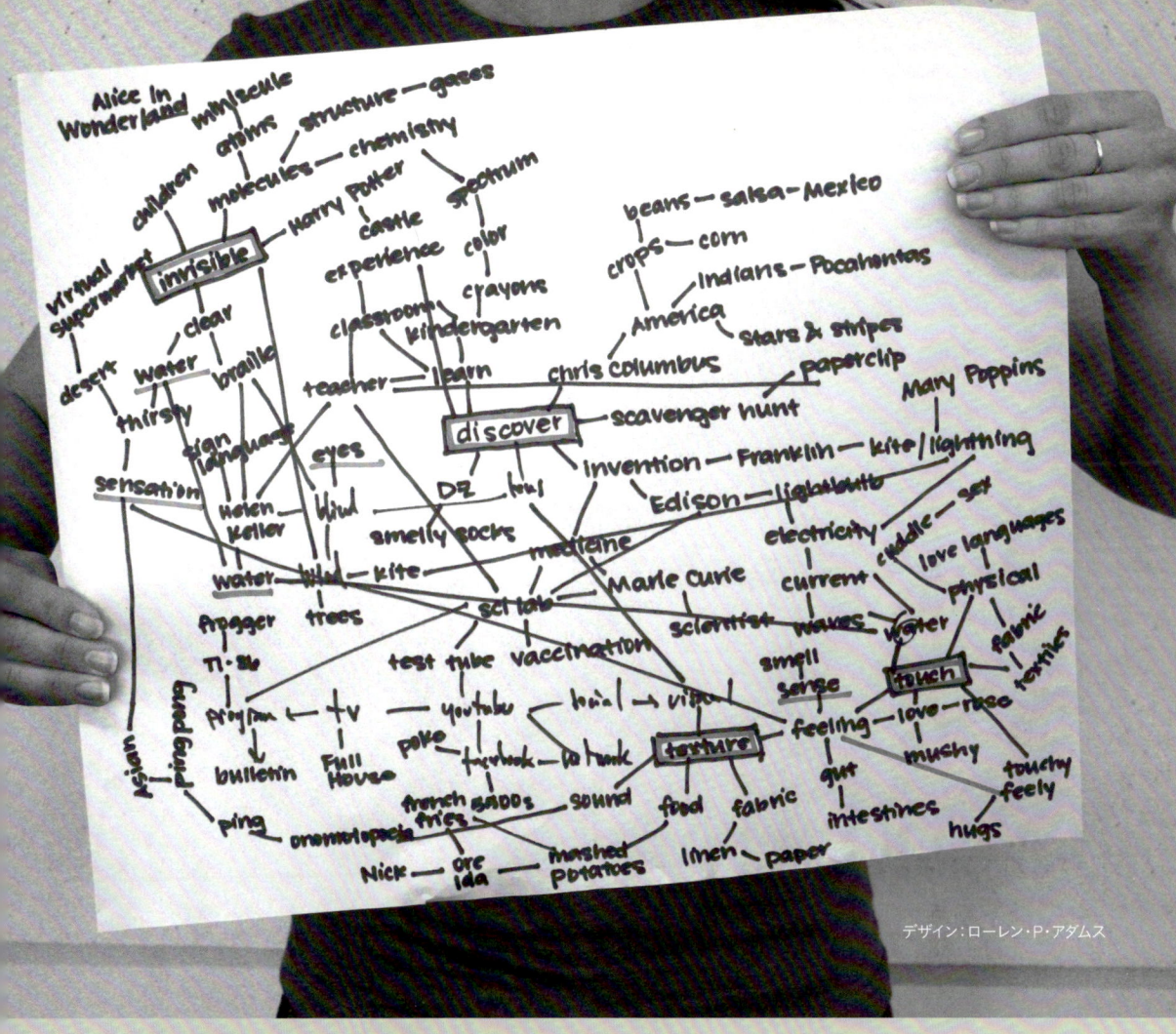

デザイン:ローレン・P・アダムス

マインドマップの作り方

01　テーマを決める
紙の中央に、キーワードを1つ書く。

02　ブランチ（枝）を広げる
テーマから連想される言葉を周囲に書き加え、連想の網を張りめぐらせていく。言葉ではなく簡単なイラストを描いても良い。

03　関連性のあるブランチをグループ化する
主要なブランチの周囲は、同じカテゴリーに属する同義語、反義語、同音異義語、互いに関係のある複合語、常套句、慣用句などが集まりやすいので、それらをグループ化する。グループごとに色分けするとわかりやすい。

04　下位グループを作る
主要なグループの周囲に、小規模な下位グループができることもある。マインドマップで意識を開放するためには、スピードも大事だ。そうすると上図の例のように、「発見（discover）」というキーワードから発明家や発明品の名前が出てきたり、人間の身体感覚に関する言葉が出てきたりする。

ケーススタディ
テクスチャラクティブ博物館のロゴ
(Texturactiv)

ここでは事例として、ブランディングをテーマに行われた2日間のワークショップの内容を紹介する。講師を務めたトゥールミックス社のデザイナーたちは、織物（テクスチャ）の博物館の名称とブランディングのコンセプトを、マインドマップを使って考案するよう受講者に指示した。どこかに意外性を感じさせてほしいというのが、講師陣の意向だった。

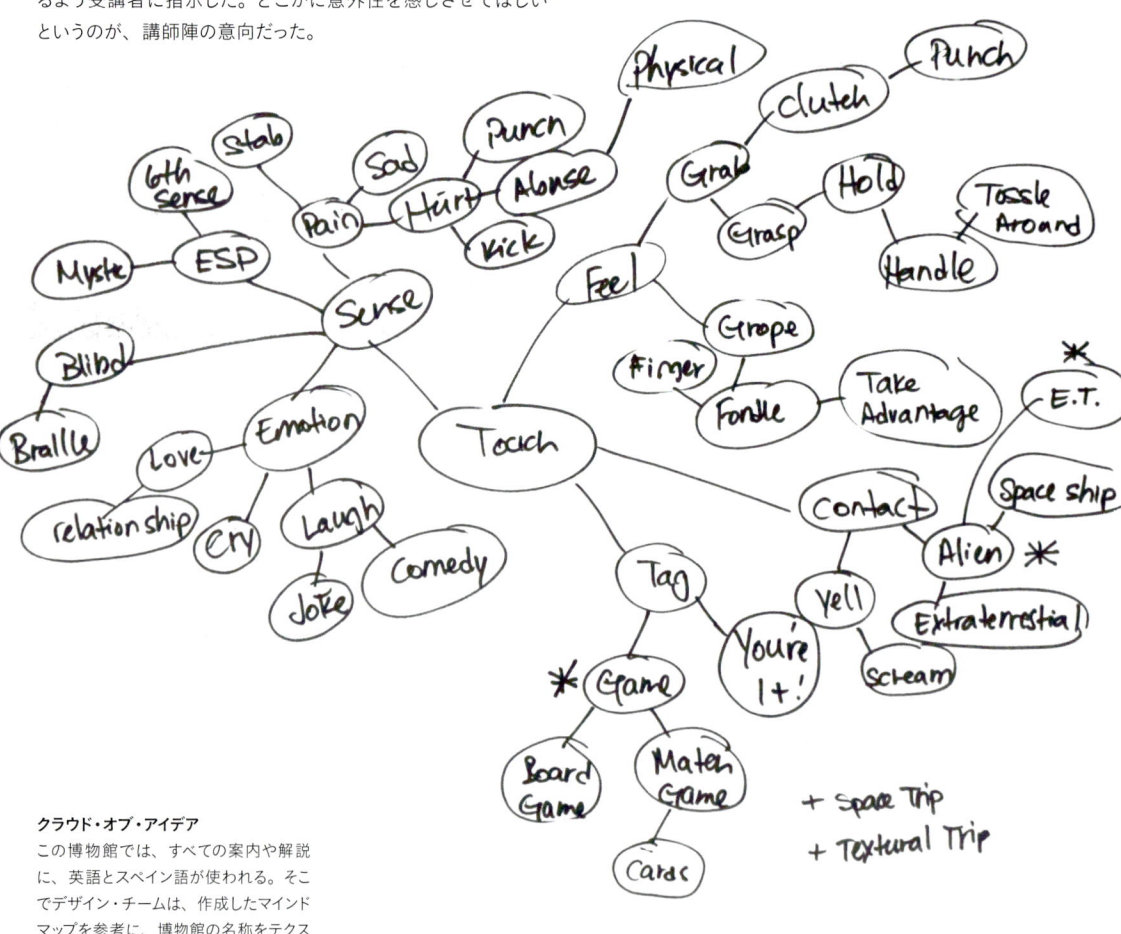

クラウド・オブ・アイデア
この博物館では、すべての案内や解説に、英語とスペイン語が使われる。そこでデザイン・チームは、作成したマインドマップを参考に、博物館の名称をテクスチャラクティブとした。
デザイン：クリス・マッキャンベル

TEXTURACTIV
A TACTILE EXPLORATORIUM

写真を使ったもの
実世界に存在するテクスチャの写真を使ったロゴ。ジャングルジムのような幾何学的な形状の文字の中に、草のイメージが浮き上がる。
デザイン：ベス・テイラー

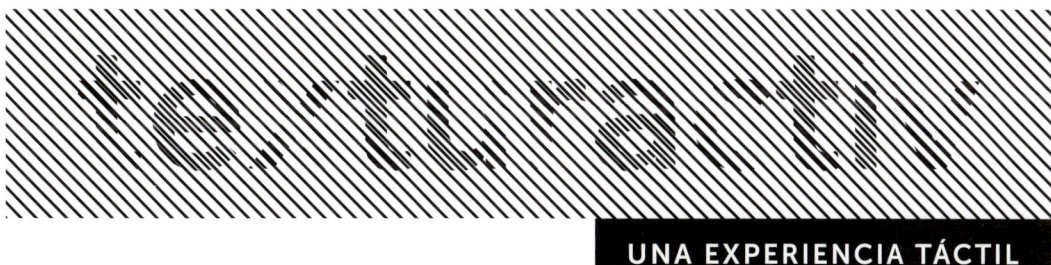

目で見るテクスチャ
マインドマップには出てこなかった「隠れた」という言葉と「波」という言葉から生まれた案。ストライプとストライプが重なり、文字が波打つように見え隠れして、視覚的な質感を作り出している。
デザイン：ローレン・P・アダムス

パターンを使ったもの
マインドマップに現れた数多くのキーワードの中から、作者は「パターン（模様）」という言葉に注目し、ロゴタイプの背景にシンプルなパターンを配置した。地模様の一部は手前にせり出し、文字の前面にきている。
デザイン：クリッシー・クセナキス

エスノグラフィーの手法をデザインに応用するフィールド・リサーチ法に関する参考文献は以下の通り。イアン・ノーブル、ラッセル・ベストリー共著『Visual Research: An Introduction to Research Methodologies in Graphic Design』(ウエストサセックス州、イギリス、AVAパブリッシング社、2004年)、デフ・パトナイク著『Wired to Care: How Companies Prosper When They Create Widespread Empathy』(アッパーサドルリバー、ニュージャージー州:FTプレス社、2009年)

インタビュー

エスノグラフィー(ethnography:民族誌学)は、観察とインタビューとアンケート調査を通してデータを集める学問であり、その目的は、相手に直接会って、彼らが身の回りの物や場所とどう関わり合っているかを調べることにある。人は、自分が言いたいことをつねに上手く言葉にできるとは限らないが、彼らのボディ・ランゲージや生活環境、その他の付随的な側面を見れば、さまざまなヒントが得られる。

デザイン・プロジェクトのフィールド・リサーチでは、デザイナーがクライアントやユーザーの活動環境の中に身を置いて彼らを観察し、質問する方法で、彼らが何に関心を寄せ、何に情熱を注いでいるかを調べる。このフィールド・リサーチの基本は、1対1のインタビューだ。直接面会して観察し、会話を交わすと、相手がどのような行動規範や信念を持っているかが見えてくる。エスノグラフィーの分野で生まれたフィールド・リサーチだが、大小さまざまなヒントやサインを拾い集めて相手の行動パターンを知るための基本テクニックは、グラフィック・デザイナーでもすぐに習得できる。この種のリサーチは特に、対象層の全容がはっきりしないプロジェクトで有効だ。

インタビューを通してユーザーに関する貴重な情報を集めるためには、いくつかのポイントがある。クライアントやユーザーと、電話やメールではなく直接向き合ってインタビューをする手法の強みは、ボディ・ランゲージや場の雰囲気を読み取ることができる点だ。相手と同じ環境を直に体験すると、対象層やユーザーに対する新たな発見や共感が得られる。

エスノグラフィーの手法をグラフィック・デザインに応用するこのアプローチは比較的最近のものだが、相手を知ろうとする基本姿勢が優れたデザインに欠かせないのは、いつの時代も変わらない。

文:アン・リウ

「人というのは、言う事とやる事と自分のやり方を説明する言葉とが、どれも大きく食い違っているものです。」

マーガレット・ミード

インタビューの進め方

01 適切な相手を選ぶ
デザイン・プロジェクトの対象層にあたる人物にインタビューを申し込む。対象層の全容を掴みたいときは、その層の主流派に属する人物だけでなく、支流や少数派に属する人物も探すと良い。たとえば何かを制作するためのツールをデザインするプロジェクトなら、計画的で几帳面な人物だけでなく、To Doリスト（やることリスト）など一度も作ったことがないような人物も探そう。双方にインタビューすることで、さまざまな発見があるはずだ。

02 準備は周到に
着席してインタビューを行う場合は、三脚にビデオカメラを固定する。インタビューの内容をすべて録音できるよう、事前に録音メディアの残量を確認し、マイクの具合をテストする。また、気付いたことをメモし、いつでも参照できるよう、ノートとペンを手元に用意する。

03 あれ？　と感じる点に注目
言っている事とやっている事がずれている点を見逃さないようにする。たとえば、自分では書類は必要最小限しか取っておかないと言っている人が、机の上にファイルを山積みにしているとしたら、そのことをメモしておく。こういったあれ？　と思われる言動の中に、人々の考え方や生活スタイルが現れる。

04 相手の立場に立つ
相手に興味を持ち、見えないものにも目を向ける。インタビュアーが自らを主張しすぎると、相手が何を言おうとしているか（あるいは何を隠そうとしているか）がわからなくなる。相手の立場に立って、その人物の振る舞いに、どんな理由があるかを理解しよう。

05 沈黙もOK
空白の時間を埋める必要はない。相手の言葉が途切れるのは、適切な言葉を探しているからであることが多い。そこに割り込んで、インタビュアーが答えを出そうとしてはいけない。我慢強く待てば、より大きな収穫が得られるはずだ。

ある日、通りを歩いていたら、このポケットナイフが地面に落ちているのを見つけたんです。「あっ、これ良いな!」と思いました。

かなり小さいカギです。コスタリカのホステルで、「カギは絶対必要」と言われて買いました。

このUSBメモリは私の命です。もしも失くしたら、何日も泣き続けるでしょうね。

これはバイクのカギです。アイオワシティではこれで十分だったので便利でしたが、このポルチモアで使うとなると頼りないですね。

これは私の車のカギです。何の変哲もありませんが、オートロックじゃないのが特徴です。ちょっと珍しいですよね。

カギの束
このインタビューでは、持ち主の個性やライフスタイルを浮き彫りにするさまざまなストーリーの中心的存在となったのは、キーリングだった。
インタビューを受けた人:ローレン・P・アダムス

ケーススタディ
カギに関するインタビュー

カギは、私たちの生活に密着した日用品の1つだ。キーチェーンに取り付けてつねに持ち歩き、家族と共有するカギは、象徴性と実用性を併せ持ち、暮らしに欠かせない。しかし残念ながら、あまりに身近な物なので、人々はその真の価値を気に留めなくなっている。今回のケーススタディで紹介するのは、人間が考案し設計した人工物としてのカギの重要性を検証するインタビューだ。デザイナー、アン・リウ (Ann Liu) は、何人かの友人の協力を得てカギの束を写真に撮ったのち、対面式のインタビューを行って、それぞれがカギのどんな側面に興味を持っているかを調べた。彼女が特に注目したのは、カギの持ち主が自分のカギについて説明するときに、それぞれの個性がどのような形で発揮されるかという点だ。インタビューの中でリウは、カギという道具の重要性と、それについて語る言葉の多様性を知り、インタビューの内容は大きく広がった。

フィールド・リサーチの報告
キーリングに付いているカギについて、インタビューの受け手が話した内容からの抜粋。

それぞれのカギについて話を聞かせてください。必要な場合は、こちらからも質問をさせていただきます。
わかりました。縁に濃い青緑のカバーが付いているこのカギは、私の家のカギです。

今住んでいる家ですか?
アパートメントです! アパートメントと言うか…共同部屋ですね…寮の…正確に言いましょう(笑)。青緑のカバーが付いているのは、寮のカギで大事だからです。こっちの2つは、バイト先の職場のカギです。部屋が2つあって、どちらのカギがどちらの部屋のものか、全然わかりません。わざわざ番号を覚える必要もないし。

ドアを開けるときは、両方使ってみます。その気になれば番号くらい覚えられるし、その方がずっと簡単でしょうね。でも…そういうことに時間や頭を使おうとは思いません。これですか? これは職場のもう1つのカギです。(小声になって)**どこのカギだったかしら?** 全然わかりません…

このキーチェーンの中で一番古いのはキーリングで、どれも、キーチェーンを使いはじめたときからのものです。カギの入れ替えがしやすいよう、キーリングはゆるいほうが好きなので、しょっちゅう引っ張ってゆるめています。これは、ハイスクール1年生のときのダンスパーティのチケットで、そのときからずっとキーチェーンに付けています。このキーリングは、「忘れられない夜(A Night to Remember)」とか何とかいう文字が入った金属製のキーチェーンに付いていましたが、それはかなり前に捨ててしまいました。ラインストーン入りだったんですよ! でも、キーリングのほうは気に入っています。あまりきつくないし、大きくて平たいし。だからずっと使っています。

インタビューの受け手であるローレンは、実家を離れて暮らしているので、インタビュアーはローレンが故郷の実家のことを言ったのか現在の住まいのことを言ったのか判断できず、確認のため質問をした。ローレンはすぐに、今の住まいのことであり、それは家ではなく寮だと言い直した。彼女のボディ・ランゲージには、寮を家と呼んでしまったことを恥ずかしがっている様子が見て取れた。

ローレンは声に出して自問したあと、口をつぐんで考えた。インタビュアーは彼女が答えを探す間、黙って待った。しばらく考え込んだのち、彼女は笑ってギブアップした。これらのカギ(あるいはこれらのカギが使われる場所)は、彼女にとってはあまり重要ではないようだ。

公式なインタビューの時間が過ぎてからも、ローレンはカギにまつわる小さな記憶を思い出しては口にした。キーリングに関する彼女の個人的な価値観や思い入れは、インタビュー終了と同時に録音をストップしていたら、記録されなかったはずだ。インタビュー終了後も録音用の機材は動かしておこう!

フォーカスグループ

デザインの有効性を検証するなら、対象層に感想を聞くのが一番だ。フォーカスグループとは、対象層を代表する人々を集めて意見を交わしてもらう手法であり、事前にプロジェクトのプランを練って目標を設定するときだけでなく、後からプロジェクトの成果を評価するときにも使える。一部のデザイナーは、この手法を取り入れると、せっかくのアイデアが実現のチャンスを与えられないまま切り捨てられる傾向があるとして、これを避けたがる。確かに、質問が誘導的だったり、一部の参加者が支配的に振る舞ったりすると、グループ全体の意見が引きずられ、リサーチはうまくいかない。有用な情報を得るためには、司会者が注意深く丁寧に場を仕切ることと、フォーカスグループの結果だけがすべてではないという意識を持つことが大事だ。クライアントとデザイナーはどちらも、フォーカスグループの結果を科学的根拠のように捉えてはならない。

　フォーカスグループは計画的に実行するリサーチだが、その他に、店舗や公共の場で偶然出会ったユーザーに話を聞いてみる方法もある。彼らにはまず、これはあなたにとってどんな意味を持つ品物か、と質問してみよう。何気ない会話の中から役立つ意見が聞けることも多い。

文：ローレン・P・アダムス、クリス・マッキャンベル

「フォーカスグループは本格的なリサーチとは少し違いますが、ユーザーのニーズや感覚を掴むのに役立ちます。」

ヤコブ・ニールセン

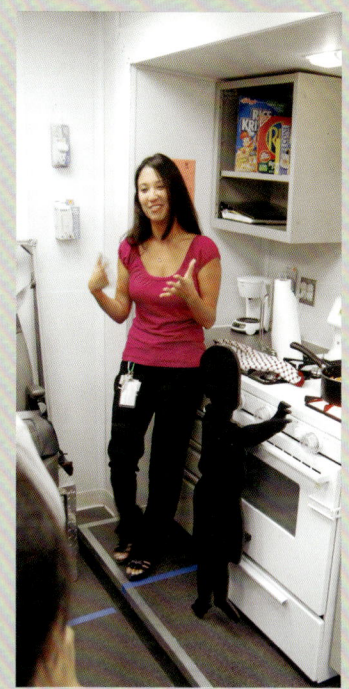

フォーカスグループの行い方

01 質問を用意する
知りたいことは何か？ 2時間のセッションなら、質問は4〜5個程度が良い。選択回答式ではなく自由回答式で、どのような方向にも偏らない質問を用意すること。たとえば「この体験プログラムは気に入りましたか？」と聞くのではなく、「この体験プログラムに参加して、どんなことを思い出しましたか？」と聞くのが良い。

02 司会者とアシスタントを選ぶ
司会者は、話し合いを進行させ、要点をメモする。アシスタントは詳しい記録をとりながら、同時に事前に用意した録音機材で確実に音声を録音する。

03 居心地の良い環境を作る
参加者にフォーカスグループへの協力を承諾してもらい、そこで得た情報がどのように利用されるかを説明する。軽い飲み物や食べ物を用意し、円形に着席してもらう。制限時間を守る（2時間を超えないように）。

04 全員が自由に発言できるよう気を配る
結論をあらかじめ想定し、会話をそちらに導いてはいけない。自分の視点に賛同するよう他の人々を説得しはじめる参加者がいたら、話し合いの方向性を修正すること。違う意見の人がいるかどうか聞いてみると良いだろう。

05 参加者に自信を持ってもらう
参加者には、彼らが他の大勢を代表する選ばれた人であることを伝える。また、この会は彼らの意見、経験、反応を聞き、そこから学ぶために開かれたものであることを説明する。

06 発言者をサポートし、なおかつ中立の立場を維持する
「その話を、もう少し聞かせてください」とか、「その言葉の意味を説明してもらえますか？」とか、「例を挙げてもらえますか？」といった言い方が望ましい。

07 質問は1つずつ
に質問をするときは、重要な部分を繰り返して話の焦点をはっきりさせよう。答えを急かしてはいけない。参加者が考えをまとめている間は短い沈黙ができるだろうが、それで良い。

ケーススタディ
ケアズ・セーフティ・センター
(CARES Safety Center)

ケアズ・セーフティ・センター（CARES Safety Center）は、ジョンズ・ホプキンス大学ブルームバーグ校公衆衛生学部事故防止対策研究センター（Johns Hopkins Blooomberg School of Public Health Center for Injury Research and Policy）が制作したトラック型の体験センターであり、ボルチモア一帯のイベント会場や学校に乗り入れて、子供と親に、家庭で起きやすい事故の予防策を指導している。しかし一部の体験者からは、トラックの内装や案内パンフレットの内容が堅苦しく、プロジェクトの意図が伝わりにくいという意見が出ていた。そこでケアズの研究チームは、MICAのセンター・フォー・デザイン・プラクティス（Center for Design Practice、CDP）所属のグラフィック・デザイナーたちに協力を仰ぎ、英語とスペイン語の二ヶ国語でプロジェクトの概要をより親しみやすく、わかりやすく伝えることができるよう、さまざまなアイテムのデザインを一新することにした。新しいデザインの有効性を調査するため、ケアズの研究チームはフォーカスグループを計画し、英語を話す親とスペイン語を話す親の双方に参加を依頼した。

中には何が？
セーフティ・センターに関するフォーカスグループで、研究チームは参加者に、トラックを外から見てどう思うかと質問した。参加者からは、トラックに乗り込む前に中の様子がわかったほうが良いという意見が出た。これを受けてデザイナーたちは、広告板サイズのポスターを作り、セーフティ・センターの周囲に掲示することにした。ポスターには、このトラックが家庭における安全対策を学ぶ場であることが、わかりやすく説明されている（トラックより上には、「自宅での安全対策を学ぼう」というキャッチフレーズを、トラックより下には、ケアズ・セーフティ・センターの名称とともに、「楽しく学べるプログラム、体験は無料」や「低価格の安全対策グッズも紹介」などの詳細を記している）。

ポスター・デザイン：アンディ・マンゴールド、プロジェクト・チーム：ローレン・P・アダムス、ミミ・チェン、ヴァネッサ・ガルシア、アンディ・マンゴールド、ベッキー・スロゲリス

テラスハウス (連続住宅) の図面を使った説明

このセーフティ・センターでは、家庭での事故の危険性と安全対策のチェック方法を指導するが、フォーカスグループの参加者は、彼らの自宅と同じような場所を例示し、具体的に説明してほしいと望んでいた。この意見を受けてデザイン・チームは、近隣に建ち並ぶ標準的なテラスハウスの断面図を制作した。そして図面に番号を振り、ケアズ・セーフティ・センターで学ぶことのできる安全対策の内容を番号ごとに解説した。

デザイン：ミミ・チェン

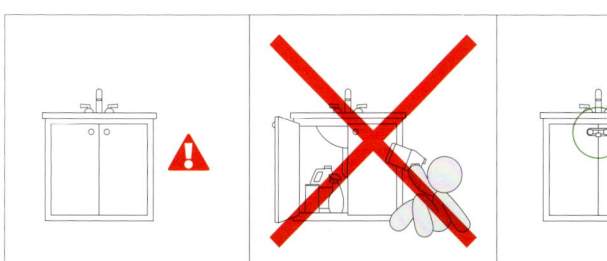

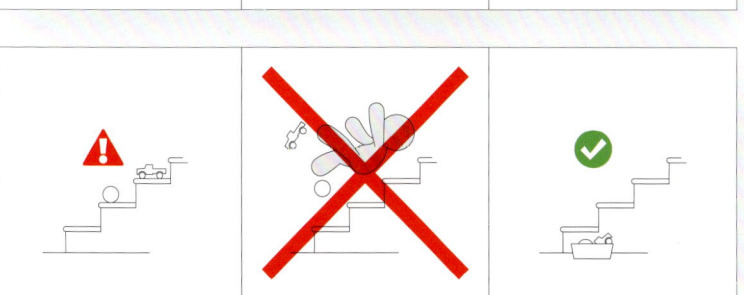

アイコン・システム

ケアズ・セーフティ・センターのビジュアル要素に統一感を与えるため、デザイン・チームは事故の危険性と安全対策を表すアイコンをデザインした。英語を話すグループとスペイン語を話すグループはどちらも、これらのアイコンの色と形が持つ意味を正しく確実に理解し、好ましいと評価した。その結果これらのアイコンは、セーフティ・センターでの指導内容を解説するカタログの解説図に取り入れられた。

デザイン：アンディ・マンゴールド

ケーススタディ
ボルチマーケット (Baltimarket)

MICAのセンター・フォー・デザイン・プラクティス (CDP) のデザイン・チームは、ボルチモア市保健局 (Baltimore City Health Department) との共同プロジェクトで、同市が抱える買い物弱者の問題に取り組んだ。いわゆる「食の砂漠」問題であり、これは、食料品店や日用雑貨店が不足し、生鮮食料品を手軽に入手することのできない市街地のことを指す。この問題に対処するために企画されたのが、地域住民が地元の公立図書館でインターネットを使い食料雑貨類を注文することができるという、オンライン・スーパーマーケットの試験営業プロジェクトだ。このスーパーマーケットは、注文された食料雑貨を翌日に図書館に配達する仕組みであり、配達料はかからない。

したがって利用者は、多彩な食料を標準的な市場価格で簡単に買うことができる。デザイナーの仕事は、このプロジェクトの始動を地域住民に知らせ、概要を説明する各種の広告アイテムを制作することだった。だが、人々にあまり馴染みがなく、説明なしには仕組みがわからないこのサービスを広く知ってもらうには、どんなやり方がベストだろうか？ デザイン・チームはまずポスターを制作し、続いて図書館を訪れた地域住民たちに直接声をかけて、このサービスについて話をした。これは正式なフォーカスグループではなく、自由形式の聞き取り調査だ。デザイナーたちは、彼らの意見や感想を詳しく聞き取り、それを踏まえて広告戦略を全面的に変更した。

自由なフィードバック
オンライン・スーパーマーケットの試験営業プロジェクトを広告するため、デザイナーたちはまず、図書館のロビーで生の果物や野菜を試供品として配布した。そしてその場で直接、見込み客に短い自由形式の聞き取り調査を行い、この新事業に対する感想を聞くと共に、彼らが普段どのような方法で食料雑貨類を購入しているかを調べた。

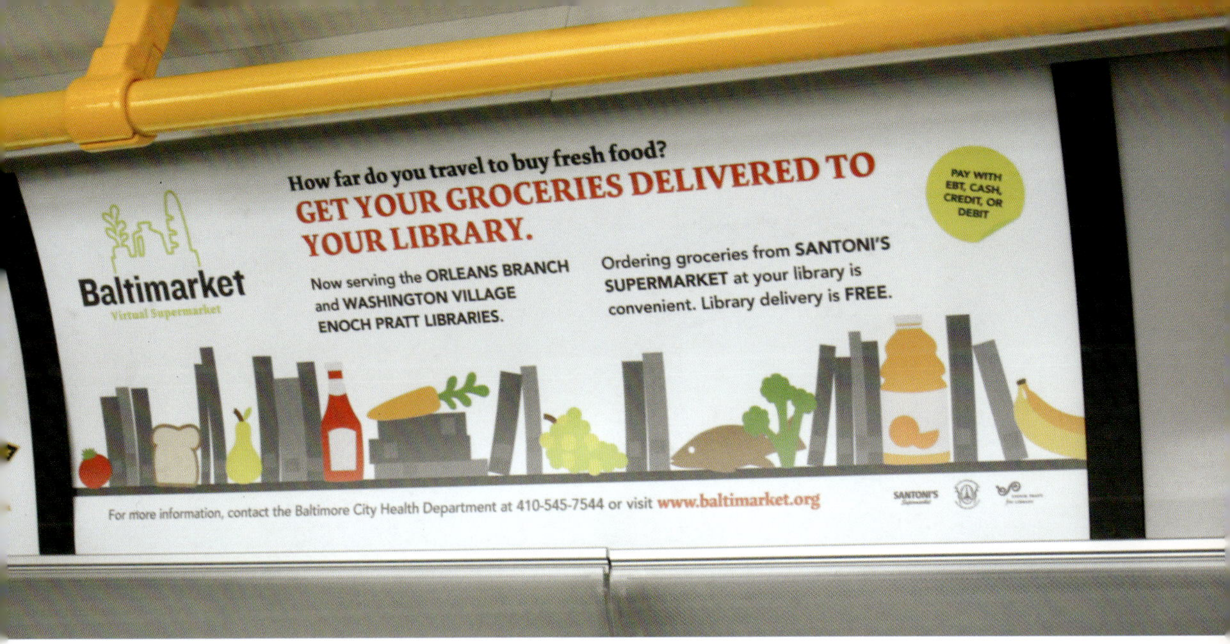

バスの車内広告
調査の結果、近隣住民の大半はバスに乗って食料雑貨品の買い出しに行くことがわかったので、バスの車内広告を中心に広告戦略を展開することになった。

ロゴの制作
デザイナーたちは、オンライン・スーパーマーケットの名称についても、いくつかの候補案を用意して地域住民の意見を聞いた。その中で多くの人から支持されたのが、ボルチモア住民のための店であることがすぐにわかる、ボルチマーケット（Baltimarket）だ。メインのロゴには、特定の地域名を補足的に付記することもできる。

保温・保冷の買い物バッグ
多くの利用客が不満を訴えたのは、ボルチモアの暑い夏の日に冷凍食品を図書館から自宅まで持ち帰ると溶けてしまうことだった。解決策としてデザイナーたちは、ロゴを印刷した断熱素材のエコバッグを制作し、利用客に特典として配布した。
上記、広告・ロゴ・バッグのデザイン：ローレン・P・アダムス

食料雑貨品の注文は、どうぞこちらへ
図書館で食料雑貨品を注文するというシステムは人々にとって馴染みのないものなので、何よりも先に、簡単に利用できるサービスであることを強調。

注文は簡単　配達は無料
受け取りはお近くの図書館で
簡潔で率直なリード文。デザイン・チームは、詳しい説明文より短いコピー文の方が利用客は読みやすいはずだと考えた。

食料雑貨品の購入というテーマを伝えるための、カラフルな食品と茶色い紙袋のイラスト。

新鮮な食品で健康な生活を、
ボルチモア
ボルチモア住民への直接的な呼びかけ。

次回の注文日
次回の配達日
お好きな支払い方法が選べます（黄色い円内テキスト）
サービスの提供先であればいつでもどこでもポスターが使えるよう、この部分は空欄に。

オンライン・スーパーマーケット試験営業キャンペーン第1弾
ボルチマーケットという名前さえ決まっていない段階で制作されたポスター。このポスターを対象客に見てもらい、その反応を参考にすることで、より戦略的で当を得た効果的なキャンペーンを展開したいというのがデザイナーたちの考えだった。紙面の主役は、生鮮食料品のイラストと、ここで買い物をするよう勧めるだけの文章だ。このサービスを利用するにはパソコンを使うことが必要だが、デザイナーたちはその点を地域住民がどう捉えるか予想しかねていたので、ここには利用の手順を記載しなかった。
デザイン：ローレン・P・アダムス、クリス・マッキャンベル

SUPERMARKET
スーパーマーケット

1.4 MILES
1.4マイル（約2.2km）

MLK Jr Blvd
MLKJr通り

YOUR NEAREST SUPERMARKET IS OVER ONE MILE AWAY.

ワシントン・ヴィレッジ図書館
WASHINGTON VILLAGE LIBRARY

A *food desert* is a neighborhood without access to affordable, healthy food options.
YOU LIVE IN A FOOD DESERT.

An unhealthy diet is strongly linked to obesity, heart disease, and diabetes. How can you be expected to eat healthy without access to fresh food?

GET YOUR GROCERIES DELIVERED TO YOUR LIBRARY.

Ordering groceries from Santoni's Supermarket at the Washington Village Enoch Pratt Library is convenient. Delivery to the library is free. Pay with cash, credit, debit, or EBT/food stamps.

PAY WITH EBT, CASH, OR CREDIT

Order every Monday, 12 PM – 3 PM
Pick-up every Tuesday, 1 PM – 2 PM

For more information, contact the Baltimore City Health Department at 410-545-7544.

SANTONI'S Supermarket

ENOCH PRATT free library

キャンペーン第1弾のポスターでは、食品のイラストが見込み客に混乱を与えた。食育や栄養学に関するプロジェクトか、産直野菜の販促キャンペーンと勘違いする人が多かったのだ。近隣の地図を使えば、テーマが地域住民の身近な問題であることが伝わりやすい。

最寄りのスーパーマーケットまで1マイル（約1.6km）

プロジェクトの発端となったこの問題を、地域住民はあまりよく認識していなかった。デザイン・チームはそれを知って、最初のメッセージを変更した。

食の砂漠とは、生鮮食料品を手軽に購入できる店が近くにない地域のこと。あなたが住んでいるのは食の砂漠です。不健康な食習慣は、肥満、心臓疾患、糖尿病の元です。新鮮な食料品が手に入らなければ、健康な食生活は望めません。

広く知られている用語を使うと、住民が自分たちの現状を話題にしやすくなる。

食料雑貨品をお近くの図書館まで配達
サントニ・スーパーマーケットの食料雑貨品をワシントン・ヴィレッジ図書館で注文できる便利なサービス。配達は無料です。お支払いは現金、クレジット、デビットカード、またはEBT/フードスタンプで。

注文は毎週月曜、午後0時～午後3時
受け取りは毎週火曜、午後1時～午後2時
詳しくはボルチモア市保健局まで、410-545-7544

お支払いはEBT、現金、またはクレジットで（黄色い円内テキスト）

何通りかの支払い方法の中にフードスタンプが含まれることを知ると、多くの見込み客がとても喜んだので、デザイナーたちはその情報が一目でわかるよう、ここに抜き出した。

見込み客は、地元の食料雑貨店が協力しているという情報に好意的な反応を示したので、スポンサーのロゴを拡大した。

オンライン・スーパーマーケット試験営業キャンペーン第2弾
この試験営業サービスを利用した客の多くは、なぜ食料雑貨品を販売する場所が図書館なのか、その理由を知りたがった。これはつまり、彼らにこのサービスを積極的に利用してもらうためにはまず、食の砂漠問題を理解してもらわなければならないということだ。そこでキャンペーン第2弾のポスターでは、図書館でサービスが利用できるというメッセージではなく、食の砂漠問題への認識を促すメッセージが強調された。デザイナーたちは第2弾のキャンペーン実施後、再度反響を分析したうえで第1弾と第2弾のメッセージを組み合わせ、ボルチマーケットの最終的なアイデンティティ戦略を決定した。
デザイン：ローレン・P・アダムス、クリス・マッキャンベル

課題の見極め方　37

Quiksilver:

Quiksilver has developed from a 1970s boardshort company into a multinational apparel and accessory company grounded in the philosophy of youth. Our mission is to become the leading global youth apparel company; to maintain our core focus and roots while bringing our lifestyle message of boardriding, independence, creativity and innovation to this global community.

Individual expression, an adventurous spirit, authenticity and a passionate approach are all part of young people's mindset and are the essence of our brands. Combine this with the aesthetic appeal of beaches and mountains, and a connection is established that transcends borders and continents. Include thirty-plus years of quality, innovation and style, and you have Quiksilver.

Rip Curl:

Rip Curl is a company for, and about, the Crew on The Search. The products we make, the events we run, the riders we support and the people we reach globally are all part of the Search that Rip Curl is on.

The Search is the driving force behind our progress and vision. When Crew are chasing uncharted reefs, untracked powder or unridden rails, we want to arm them with the best equipment they'll need. No matter where your travels lead you, we'll have you covered.

Rip Curl will continue to stick by the grass roots that helped make us the market leader in surfing, but we'll also charge on in to the future and push riding to a new level.

Rip Curl: Built for riding and always searching for the ultimate journey...

Hurley:

The Essence of Hurley is based on our love of the ocean and its constant state of change. With deep roots in beach culture, we are all about inclusion and positivity. Our brand was started with the idea of facilitating the dreams of the youth. Music and art are the common threads that bring us all together. We are passionate about freedom of expression and the individual voice. We place a premium on smiles. Welcome to our world - imagine the possibilities.

Volcom:

The Volcom idea would incorporate a major philosophy of the times, "youth against establishment". This energy was an enlightened state to support young creative thinking. Volcom was a family of people not willing to accept the suppression of the established ways. This was a time when snowboarding and skateboarding was looked down on... Change was in the air.

It was all about spirit and creativity. Since those wild beginnings, the Volcom Stone has spread slowly across the world. The Company has matured internally but continues to run off the same philosophy it started with. The Volcom thinking now flows through its art, music, films, athletes and clothing....

誰もが望む若々しさ
ブランドの由来と信頼性
国際性
海、山、街とのつながり
個性の表現、独創性
進歩と挑戦

言語の分析
デザイン：2×4社

ビジュアル・リサーチ（情報の視覚的分析調査法）

国際的に活躍するデザイン会社、2×4社は、情報の内容を分析し、アイデアを出し、さまざまな解釈を提示するための手法として、ビジュアル・リサーチ（情報の視覚的分析調査法）を行う。「私たちの調査法は質的なものなので、自分たちでは**リサーチ**とは呼びません。**スペキュレーション**（考察）という言葉を使います」と、2×4社の共同経営者、ジョージアナ・スタウト（Georgianna Stout）は言う。製品を多角的に観察し、時には正反対の視点を導入することで、1つのブランドの市場における位置付けを分析するのが、2×4社のスペキュレーションのやり方だ。一例として2×4社は、「青をめぐるバトル」（右ページ）を紹介してくれた。これは、代表的な多国籍企業をそのイメージカラーで分類したダイアグラムであり、これを見ると、ブルーの領域に多数の企業がひしめく一方で、ピンクやグリーンにはあまり多くの企業が進出していないことがわかる。もう1つの作例、「言語の分析」（上図）は、スポーツ用品メーカーが自ら発信したメッセージを調べ、各社に共通するテーマと、それぞれが独自に掲げるテーマを抽出する方法で、各社がどのように競合他社からの差別化をはかっているかを分析したものだ。このような分析調査を参考にすると、十分な情報を味方につけて斬新なデザインを考案することができる。

「2×4社のプロジェクトの多くは（中略）、完成作品と同じくらい、その背後にある思考プロセスが重要です。」

ジョセフ・ローザ

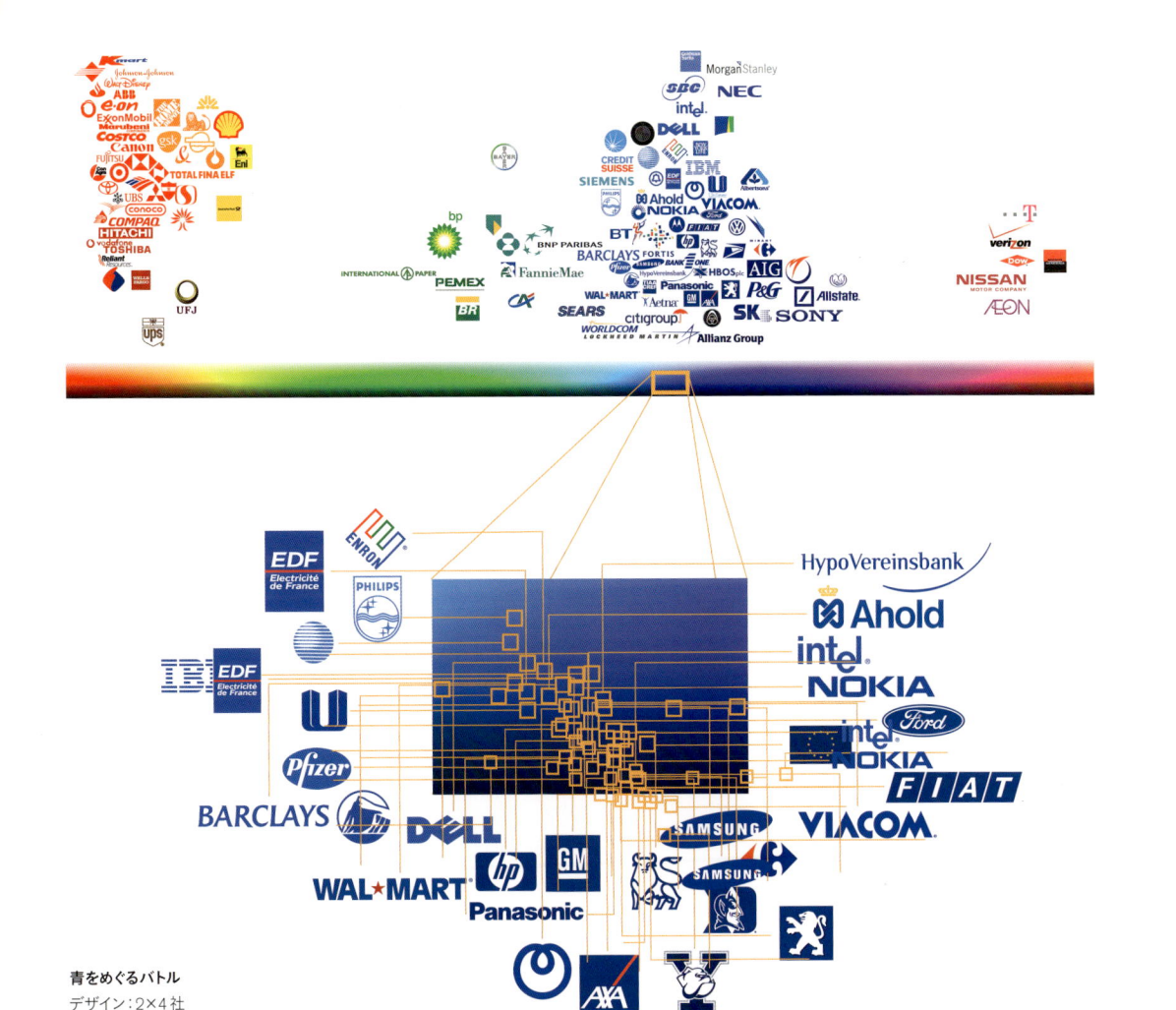

青をめぐるバトル
デザイン：2×4社

ビジュアル・リサーチの進め方

01　情報を集める
まず、特定のブランド（企業や製品やサービス）の市場における位置付けを、自由な方法で調べる。ロゴ、ネーミングの戦略、販促活動に使われている言葉、色など、そのブランドが打ち出しているさまざまな特色に注目すること。

02　ビジュアル化する
情報を視覚的に分析するための枠組みを選ぶ。たとえば頻繁に登場する言葉、よく使われる色、どの製品にも共通する特徴など、繰り返し現れる要素や共通性を基準にすると良い。

03　分析する
ビジュアル化したデータを観察し、考えを記録する。調査対象であるクライアントまたはサービスは、特定の市場の中で、多数の競合会社または競合製品からの差別化に成功しているだろうか？　あるいは、その領域でリーダーシップを発揮できているだろうか？

課題の見極め方　39

火星のビジュアル・リサーチ
上図は、学問の分野で発表された火星のイメージを探し集め、色使いを分析して再構成したダイアグラムだ。デザイナーは、火星に関連する数多くのイメージを調べ、そこからいくつかの平均的な色合いを抽出して、この配色見本を作った。右の作例は、火星について述べた文章（一般的な文章と学問的な文章の双方）から頻繁に使われる単語を抜き出し、そのデータを視覚化したもの（単語の意味は上から、火星の第1衛星フォボス、ミッション、NASA、氷、惑星、表面、火星人、地球、時代、大気、平均海面、着陸）。
デザイン：クリスティーナ・ベアド
写真提供：NASA
MICAでのデザイン・リサーチ・ワークショップ指導：ジョージアナ・スタウト、2×4社

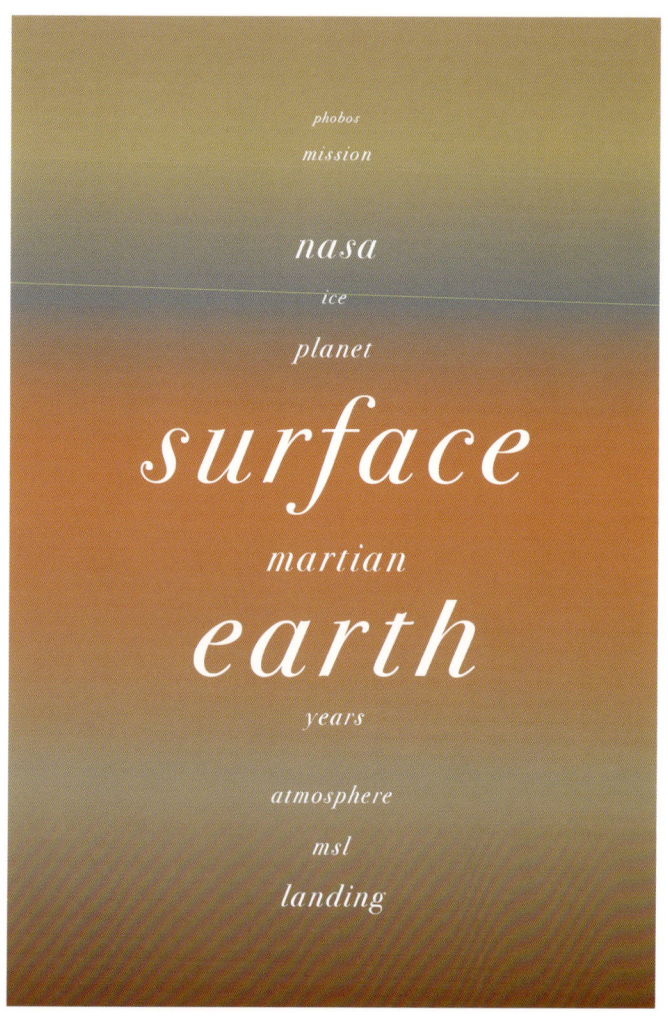

カギのビジュアル・リサーチ
どのようなカギが生産され市販されているかを調査した習作。デザイナーは数多くのカギの写真を集め、形と種類と色を基準に分類した。
デザイン：アン・リウ

MICAでのデザイン・リサーチ・ワークショップ指導：ジョージアナ・スタウト、2×4社

ブランドマトリックスの習作（一部分）
アート・ディレクター：デビー・ミルマン

ブランドマトリックス

マトリックスとは、x軸とy軸を設定し、理性的／感情的、エリート／大衆など、異なる2種類の価値基準をそれぞれの軸に当てはめた図表のことだ。この図表を製品開発、パッケージ、標識、ロゴ・デザイン、インテリア・デザイン、サービス・デザインなど、さまざまな分野のブランディングに利用したものをブランドマトリックスと呼ぶ。ブランディング・プロジェクトには、既存のブランド体系を刷新するケースと、新しいブランドを立ち上げるケースがある。広く親しまれている製品をマイナーチェンジする場合も、新製品を1からデザインする場合も、ブランドマトリックスを利用すれば、類似の製品や競合ブランドとの関係性の中で、そのブランドの市場における位置付けを明らかにすることができるし、その情報をクライアントとも共有できる。

　ブランドマトリックスでは、データの細かさや正確さは問われない。たとえばマトリックス内にプロット（配置）する項目は、特定の製品（たとえばフォード・エクスプローラ）でも良いし、より広範囲な1つのカテゴリー（たとえばSUV＝スポーツ用多目的車）でも良い。また、それらをプロットする際の基準も、正確なデータでも良いし、その製品やカテゴリーに対して人々が抱いている感覚でも良い。x軸とy軸には、ブランドの認知度、費用／効果、評判、安全性、市場区分など、多様な価値基準が設定できる。マトリックスは、ブランディング以外の分野でも情報を分析し視覚化する手法として多用される。精神分析学者や文化人類学者は、人々の心理状態や社会的行動を分析するときにマトリックスを利用するし、『ニューヨーク・マガジン』（ニューヨークの情報を伝える総合情報誌）は連載コラム「Approval Matrix（評価マトリックス）」で、マトリックスを用いてポップカルチャーの評価をしている。

文：クリッシー・クセナキス

「マーケット・リサーチは
科学ではなくアートです。
感情の動きがもたらす効果や、
デザインの感覚的な側面に
注目するよう心掛けてください。」

デビー・ミルマン、マイク・ベインブリッジ

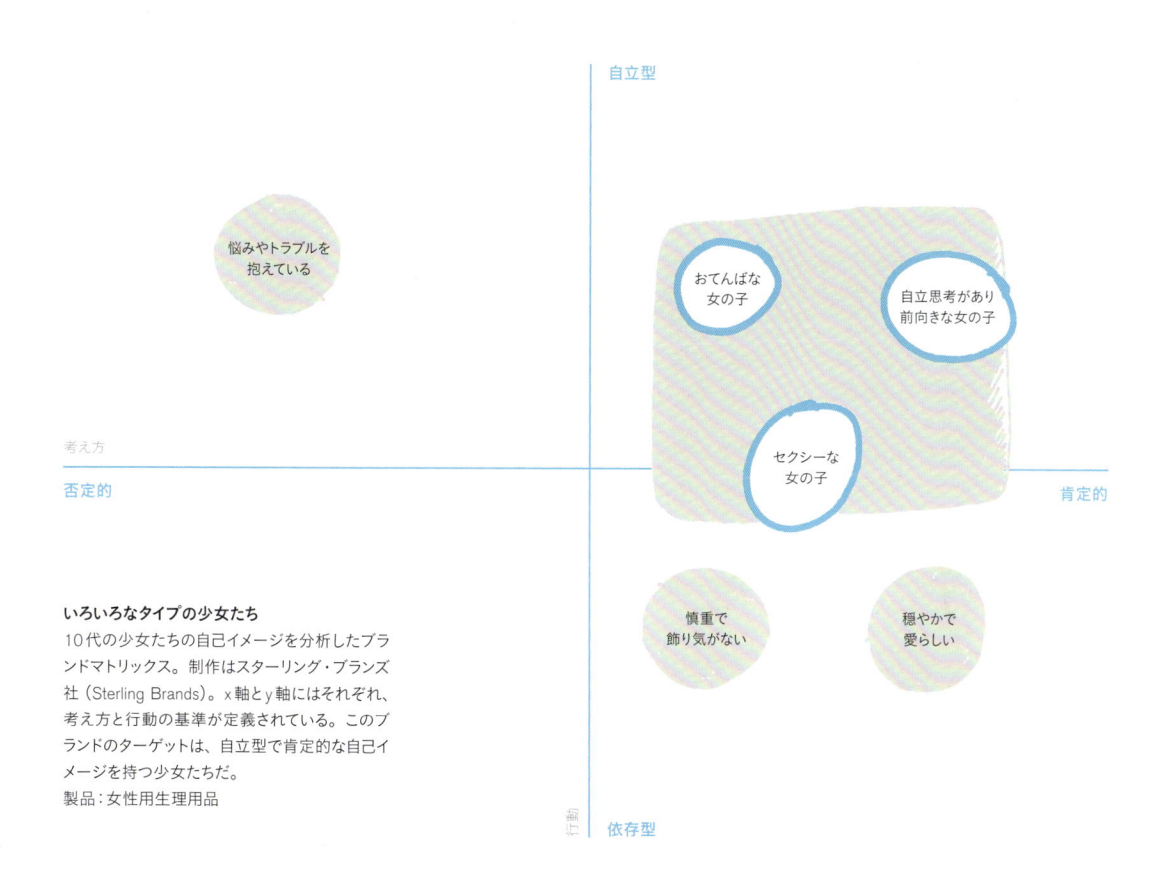

図中ラベル:
- 自立型(上) / 依存型(下)
- 否定的(左) / 肯定的(右)
- 考え方
- 悩みやトラブルを抱えている
- おてんばな女の子
- 自立思考があり前向きな女の子
- セクシーな女の子
- 慎重で飾り気がない
- 穏やかで愛らしい

いろいろなタイプの少女たち

10代の少女たちの自己イメージを分析したブランドマトリックス。制作はスターリング・ブランズ社（Sterling Brands）。x軸とy軸にはそれぞれ、考え方と行動の基準が定義されている。このブランドのターゲットは、自立型で肯定的な自己イメージを持つ少女たちだ。
製品：女性用生理用品

ブランドマトリックスの作り方

01　情報を集め、項目をリストアップする

調査するべき分野について調べる。たとえば特定の製品グループ、利用客の文化的背景、一連のイベント、各種の物質やその特性などだ。続いて、マトリックスにプロットする項目をリストアップする。代表的な項目としては、ブランド、人、性質、ロゴ、製品などが考えられる。たとえば上図の作例では、10代の少女の特徴が項目として挙げられている。

02　対立し合う価値基準を探す

各種の項目を体系的に評価し、マトリックスにプロットするための、価値基準（両軸の定義）を考える。東洋／西洋、高／低、優／劣、フォーマル／カジュアル、高価／安価、派手／地味、危険／安全、自由／制御、平凡／非凡などの、互いに対立する性質をリストアップしよう。上図のマトリックスの基準は、少女たちの自立性（または自分が属するグループへの依存度）と現状肯定（または現状否定）の度合いだ。

03　点在する情報を関連付ける

ステップ1でリストアップした各種の項目を、マトリックスにプロットする。結果を検証し、そこに浮かび上がった意味や傾向を読み取る。数多くの項目が集中しているエリアや、どの項目も当てはまらず、考慮する必要のないエリアはあるだろうか？　特に狙いを定めるべきスイートスポットはどこか？　上図のマトリックスでは、自立志向を持ち物事を肯定的に捉えようとする少女たちがスイートスポットとなる。

課題の見極め方

ケーススタディ
ティーバッグのパッケージの試作品

多くの人々は、牛乳パックや豆の缶詰の缶に哲学的な要素は求めないだろう。しかしティーバッグの箱には健康、世界の文化、安らぎ、精神性などに関するようなモチーフがあしらわれることが多い。実際、茶は凝ったブランディングやメッセージ性が重視される製品であり、ティーバッグの包みにも外箱にもそれが反映される。

今回のケーススタディは、強力なビジュアル・アイデンティティを持つティーバッグの新製品を開発するという内容だ。学生たちは、まず既存のブランドの「位置付け（ポジショニング）」を分析したうえで、新製品のコンセプト作りに取り掛かった。できあがった試作品には、世界中でもっともポピュラーな飲み物である茶の文化的な側面がよく引き出されている。マトリックスも文化的な価値基準に基づいており、各ブランドが独自の立ち位置から、人々の多様な感情や願望に訴えかけていることがわかる。

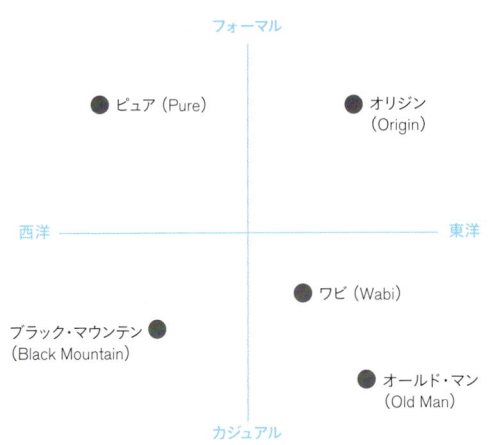

気楽にいこう
手描きのマークと文字、ナチュラルな配色、つや消しの素材が、現代風のヒッピー精神を表現。
デザイン：アレックス・ルーレット

茶のブランドの棲み分け
左図は、東洋と西洋、そしてフォーマルとカジュアルが交差するマトリックス。

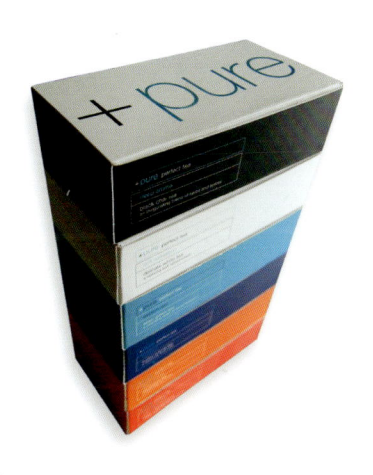

デトックス飲料
多くの人々は茶を、体内を浄化してくれる万能薬と捉えており、このブランドのセールスポイントもそこにある。それを踏まえ、薬局の製品を思わせるハイテクなグラフィックを採用した試作品。
デザイン：コディー・ベイミグ

高級感のある東洋
茶の原産地（origin＝ブランド名）である東洋を称えるような、洗練された現代的なグラフィックをあしらった、エレガントな試作品。
デザイン：ユー・チェン・チャン

素朴な南部
アメリカ南部では、甘くした茶をふた付きのビンで飲むのが好まれる。ブラック・マウンテン（Black Mountain）は、ノースカロライナ州の古い街の名前。
デザイン：ジュリア・コストリーヴァ

アジア系アメリカ人
漢字とユーモラスなイラストの組み合わせが、アメリカの郊外都市に住むアジア人の暮らしを彷彿させる。
デザイン：ティファニー・シー

課題の見極め方　45

ブランドブック

ブランドブックは、商品、企業、組織の特徴や成り立ちをビジュアル化して伝えるアイテムだ。ブランドブックの目的は、さまざまな色、形、質感、写真、言葉を通して一定のムードを表現し、読者にブランド・イメージを感じ取ってもらうことにある。そうすれば読者は、自身のライフスタイルや人間関係の中でそのブランドが果たす役割を想像することができる。多くの場合ブランドブックでは、特定の商品を宣伝することよりブランド信仰やブランド理解を促進することが重視され、そのメッセージは、内部の社員だけでなく、プレス関係者、投資家、ビジネスパートナー、そして消費者にも届けられる。1つのブランド（企業または商品）を成立させている基本コンセプトが表現されるので、読者はそのブランドが自身の実生活に何を与えてくれるかを想像しやすい。ブランドブックは、内部の社員が自社のことを理解するのに役立つだけでなく、そのブランドならではの視点を他の人々に伝えるのにも役立つ。上図と右ページ上図のブランドブックは、デザイン・コンサルタント、ボルフ・オリンス（Wolff Olins）が、ニューヨーク・シティのシンボルマーク制作コンペのためにデザインしたものだ。このブランドブックには、シンボルマークのデザイン案だけではなく、ニューヨーク・シティの5つの区で撮影したイメージフォトも掲載されている。
文：アン・リウ

ブランドブックは、単に商品のことを伝えるだけでなく、そのブランドの言語や姿勢やコンセプトを伝えるためのアイテムだ。

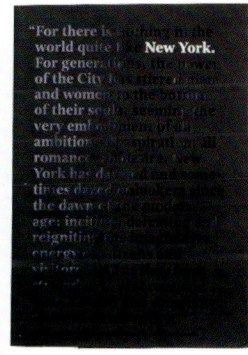

ニューヨーク・シティのスピリット
著名なニューヨーカーの写真やコメントを通して、ニューヨーク・シティのスピリットと、気取らず気負わず何でもありと受け入れる同市の姿勢を表現したブランドブック。
デザイン：ボルフ・オリンス

ブランドブックの作り方

01　フォーマットを選ぶ
まず適切な判型を決める。大判のハードカバーは大型豪華本のような本格的な仕上がりになるし、5×5インチ（およそ13×13センチ）程度の小ぶりな中綴じ本だと手帳や雑誌風の略式な仕上がりになる。そのブランドブックは、高級なファッション・ブランドのものか、草の根型の社会組織のものか？　フォーマットだけでなく紙質も、ブランドに似合うものを選ぼう。

02　イメージ素材を集める
各種のイメージ、スケッチ、印刷物、テキスト、写真、パターン、ファブリックを集める。インスピレーションを与えてくれる素材かどうかが選択のポイントだ。最初の段階で多種多様な素材を用意しておくと、説得力のある表現がしやすい。

03　構想を練り素材を組み合わせる
あちこちからかき集めた素材は、そのままではがらくたの山だ。デザイナーは、個々の素材がどんな持ち味を発揮すれば、1つの望ましい世界ができあがるかを判断しなければならない。さまざまな素材をつなぎ合わせると、そこにそのブランドのビジュアル言語が現れてくる。

04　全体のバランスを整える
たとえば、文字がぎっしり詰まった見開きページの次に、全面裁ち切りの写真や手描きのイラストや実物素材のスキャン画像ばかりが並ぶ見開きページが現れると、つながりが途切れてしまう。そうならないよう、全体を通して紙面の雰囲気を整えることが必要だ。コラージュ写真を多用したいとか、削ぎ落とした紙面レイアウトを目指したいなど、方針を定めよう。ページをパラパラとめくれば、読者がそのブランドと共に暮らす生活を想像できるような構成が望ましい。

05　実感を伝える
本物の本が持つ重さや感触は、そのまま1つのブランドの存在感を表現してくれる。ブランドブックの印刷方法は、予算に応じて決めると良い。ハンドメイドも可能だし、カスタム印刷やオンデマンド出版サービスを利用する方法もある。

課題の見極め方

ステンシル小物（上図）
ブランドブックで、商品の使用例を紹介するのも一案だ。センスの良い手作り小物の写真などを掲載すれば、読者はその商品の使い方を具体的にイメージできる。上図はスタンプとステンシルの手作りキットのブランドブックであり、さまざまな装飾パターンの実例が紹介されている。
デザイン：スピサ・ワタナサンサニー

デソト社（Desoto）の服（右ページ）
南部訛りの言葉やの風景写真を使って南部っぽさを表現した、ファッション・ブランドのブランドブック。
デザイン：ウェスリー・スタッキー

課題の見極め方

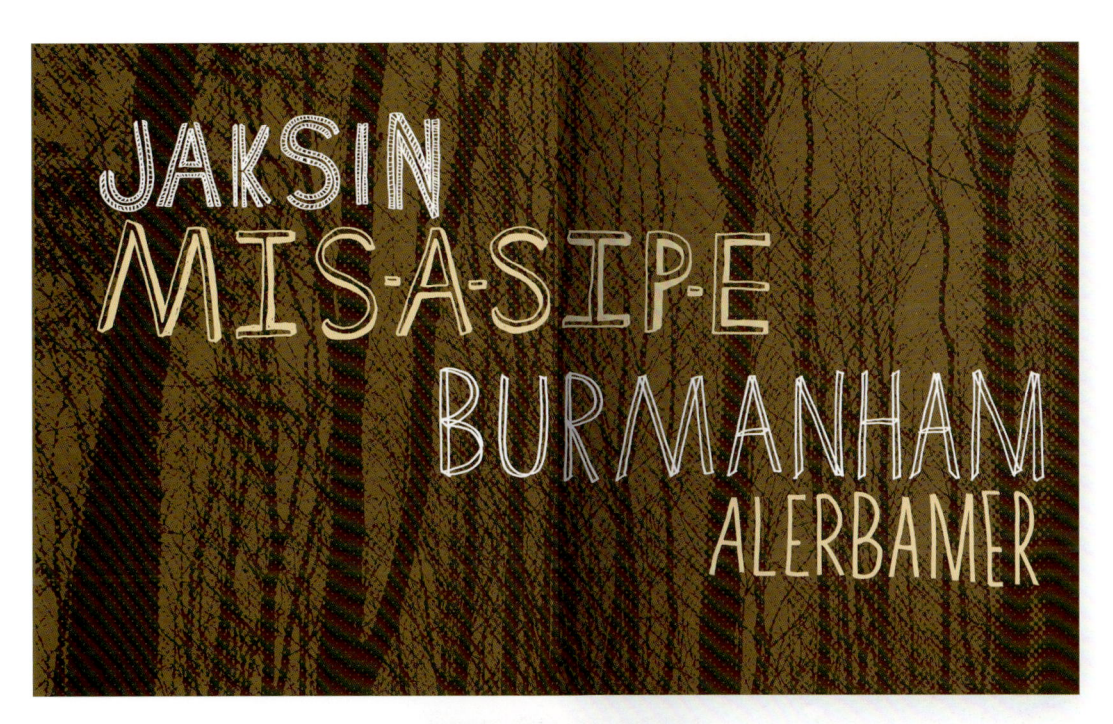

現地の写真（左図）
以下に紹介するのは、都市部の水族館で開催される期間限定のイベント用の標識・屋外広告デザイン・プロジェクトだ。デザイナーはまず現地に赴き、周囲の風景を写真に撮って、デザイン・プロセスで使う資料を用意した。

現地の平面図（右ページ）
デザイナーは、現地の地図に透明シートを重ね、そこに人と車の流れや建物と地形の特徴を書き込んだ。
デザイン：クリス・マッキャンベル

現地調査

標識や屋外広告のデザインには、建築、工業デザイン、情報デザイン、グラフィック・デザインのテクニックが求められる。そして、既存の建築物の内外に何らかのアイテムを配置するすべてのプロジェクトがそうであるように、現地調査が必要不可欠だ。どんな場所にも、その場所特有の制約があり、デザイナーはそれにうまく対処しなければならない。1つの場所の建設的な使い方を決めていく作業は、キャンプ場でテントを設営する作業に似ている。キャンパーたちは、自分たちの区画を見たうえで、必要に応じて手を入れ、上手な使い方を決めていく（地面が草だらけでも、それは大した問題ではない）。デザイナーもそれと同様、現地に身を置き、その場を十分に観察してはじめて、たとえばこの標識の位置は高すぎるとか、この位置では目立たないとか、このデザインはそぐわないなどの判断が的確に下せるようになる。

　1つの建築環境は、標識、部材の質感、色、環境音、表面仕上げ、建物の構造など、あらゆる要素の集合体だ。既存の構造物は視界を遮り、来訪者の気を散らすことがあるが、予想もしなかった可能性を与えてくれることもある。1本の柱は、背後のグラフィックを隠したり、通行を妨げたりもするが、標識を取り付ける支柱にもなる。どのような人々が、標識や屋外広告を頼りにその建築環境を訪れるかを考え、配慮することも必要だ。アメリカ障害者法（American with Disabilities Act、ADA）には、使いやすい標識のための規格を設定する条文があるし、地域によって、適切な標識の形状や使用言語が異なることもある。身体的、社会的な条件の多様性を理解することは、環境デザインの第1歩だ。

文：クリス・マッキャンベル、ライアン・シェリー、ウェスリー・スタッキー

> 既存の構造物は視界を遮り、来訪者の気を散らすことがあるが、予想もしなかった可能性を与えてくれることもある。

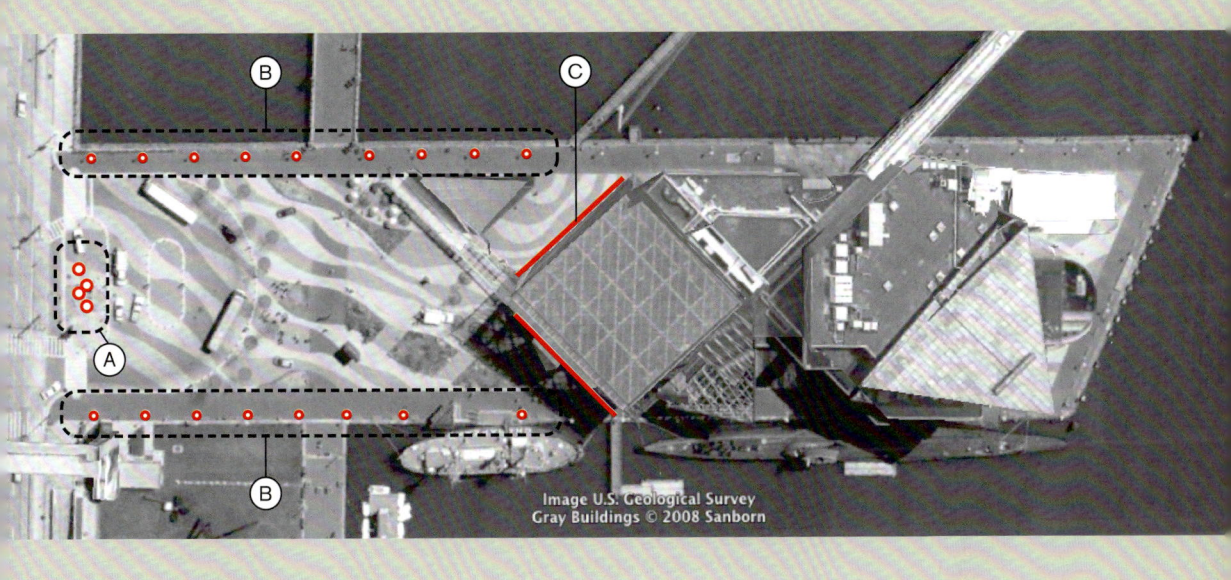

現地調査の行い方

01　現地に行く
現地の様子を知るための一番の方法は、そこへ行くことだ。時間帯を変えて何度か足を運ぼう。人通りや車の流れ、あるいは日光や照明によって、同じ場所が劇的に変化することは多い。簡単な見取り図を描き、興味を引かれたポイントや問題のありそうな箇所にはしるしを付けておく。

02　よく観察し写真を撮る
ドライバーと歩行者の視点から、一帯の風景と交通状況を観察する。敷地に出入りする人々がもっとも多く通る場所はどこか？ 通りからの眺めはどうなっているか？ 地形や建物の特徴の中で、プロジェクトに影響を与えそうな要素があればメモすること。周囲に既存のグラフィックや標識があると混乱を招きやすいので、特にしっかりチェックすることが必要だ。写真を撮るときは、車や歩行者を写し込むと、縮尺がわかりやすい。そうしたら仕事場に戻り、写真とメモを整理して、各種の条件や問題点をリストアップする。写真を見てはじめて、現地では気付かなかった物事を発見することもある。

03　平面図を作る
現地の地図に、人と車の流れや建物と風景の特徴などを付記する（グーグルマップやグーグルアースの画像を利用すると便利だろう）。このような平面図を用意すると、デッドスペースになっている場所や、重要な役割を担っている場所がよくわかる。空間の使われ方や交通状況に応じて、適切な標識の配置計画を立て、平面図に描き加える。標識には、建物や空間の名称を伝える、方向を指し示す、役割を説明するなどの目的があるので、目的に応じた配置計画を立てること。また、グラフィックを多用し過ぎると目的があいまいになり、景観を損なう恐れもあるので注意しよう。

04　写真をトレースする
現地で撮った写真にトレーシングペーパーを重ね、主要な輪郭線をざっとトレースする。必要な箇所以外は省略したほうが良い。そのようにして情報を自分で編集すると、現地の環境を的確に分析し、有望なデザイン案を手早く探し当てることができる。

05　デザイン案をスケッチする
トレースした図を見て、各種の構造物の大きさと位置と相互バランスを分析したのち、建物や風景の形や色や質感、そして日光や照明の当たり具合を活かしたデザインを考える。これらの要素は空間に特有の雰囲気を与えるので、そういった要素を活かしたデザインならその場によく馴染み、対象客にもメッセージが伝わりやすい。

課題の見極め方　51

ケーススタディ
ボルチモア国立水族館
(National Aquarium)

ボルチモア国立水族館（National Aquarium）は、ボルチモアのインナーハーバー地区にある、人気の観光スポットだ。現地へは車、船、または徒歩でアクセスする。デザイナー、クリス・マッキャンベル（Chris McCampbell）は、この水族館で催される期間限定の特別展示を案内する広告塔をデザインすることになり、現地調査を行った。さらに彼は、水族館の建物内に設置する新しい方向案内標識も提案した。

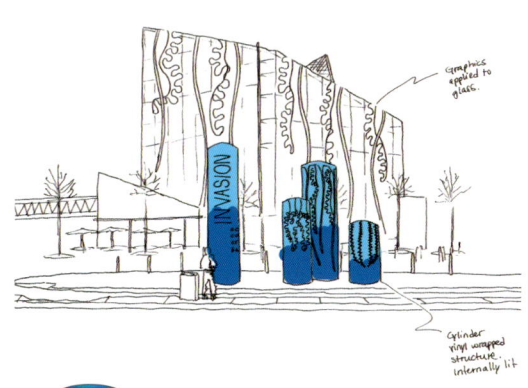

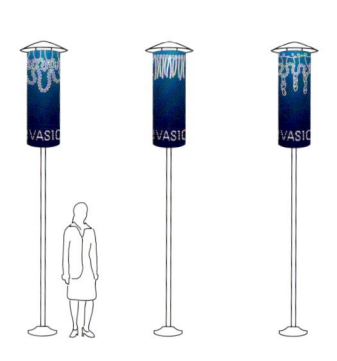

トレース画でラフ案を作成
現地調査で撮影した写真をトレースし、簡単な線画を用意する。これを使えば、デザイン案を手軽にスケッチし、配置計画のラフ案を練ることができる。

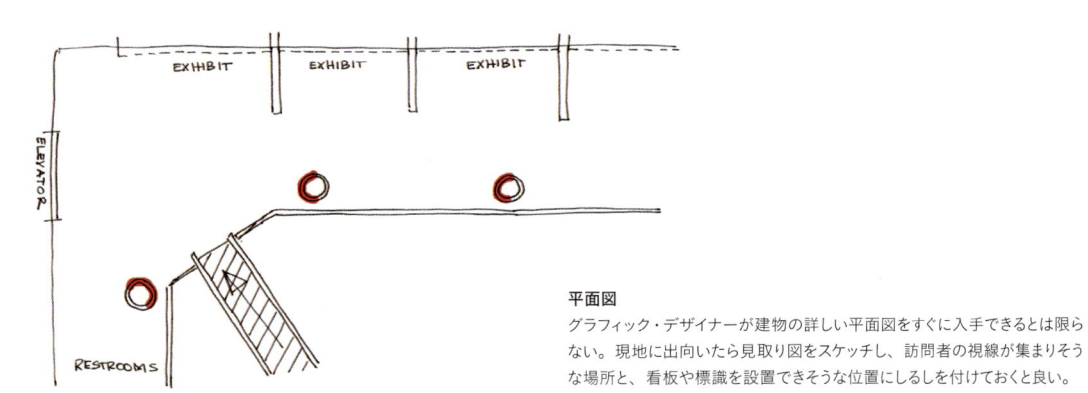

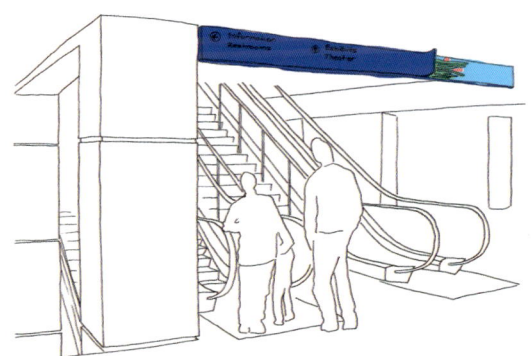

平面図
グラフィック・デザイナーが建物の詳しい平面図をすぐに入手できるとは限らない。現地に出向いたら見取り図をスケッチし、訪問者の視線が集まりそうな場所と、看板や標識を設置できそうな位置にしるしを付けておくと良い。

視界を整理する
すっきりした線だけのトレース画を使うと、不要な要素に気を散らされずに済むし、元の写真が薄暗くても困らない。

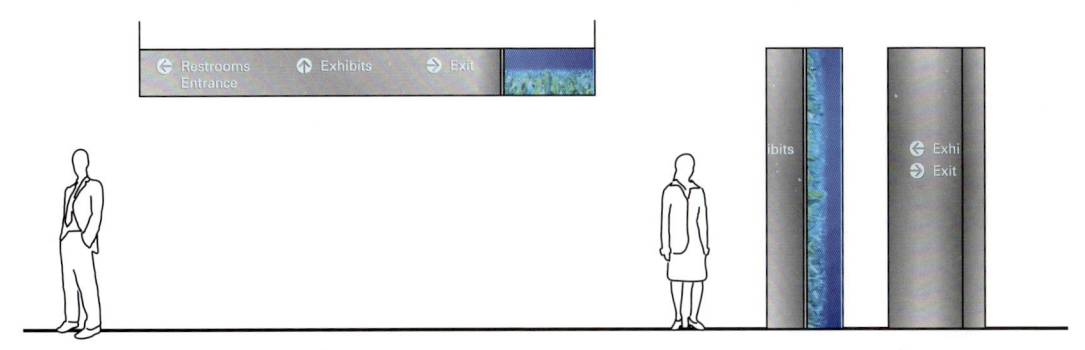

正式な資料を作成する
現地で集めた測定データと写真を利用すれば、正式な提出用のデザイン資料を作成することができる。

課題の見極め方　53

ケーススタディ
ボルチモア・メトロ

デザイナー、ライアン・シェリー（Ryan Shelley）とウェスリー・スタッキー（Wesley Stuckey）は、ボルチモア・メトロの標識システムを調査するプロジェクトを計画し、現地調査に赴いた。路線の各駅で降りた彼らは、プラットフォーム、電車内、駅舎、周辺の道路で標識を探し、実際に使用されている無数の標識や案内板を写真撮影した。調査を終えたらスタジオに戻り、写真をプリントアウトし、大きなピンナップボードに種類別に貼り出して、問題点や共通点や矛盾点を探し出していく。

(上段左) **古いバージョン**
錠剤形（長楕円形）の標識は現行のバージョンだが、古い長方形の標識もまだ残っており、統一性に欠ける。

(下段左) **高さの問題**
屋外の標識はプラットフォームからは見えるが、位置が高すぎて、地下鉄の車内からは見えにくい。

(上段右) **混在**
この駅の玄関口には、3種類の標識システムが入り混じっている。現行のものは、自立式の案内塔だけだ。また、この案内塔をはじめとする数多くの標識には、地下鉄全体の路線図が載っていない。

(下段右) **埋没**
一部の駅では、標識の背面に、標識には不似合いなアートワークが描かれている。これは重要な方向案内標識だが、壁に描かれたアートワークに紛れて見えない。

課題の見極め方 55

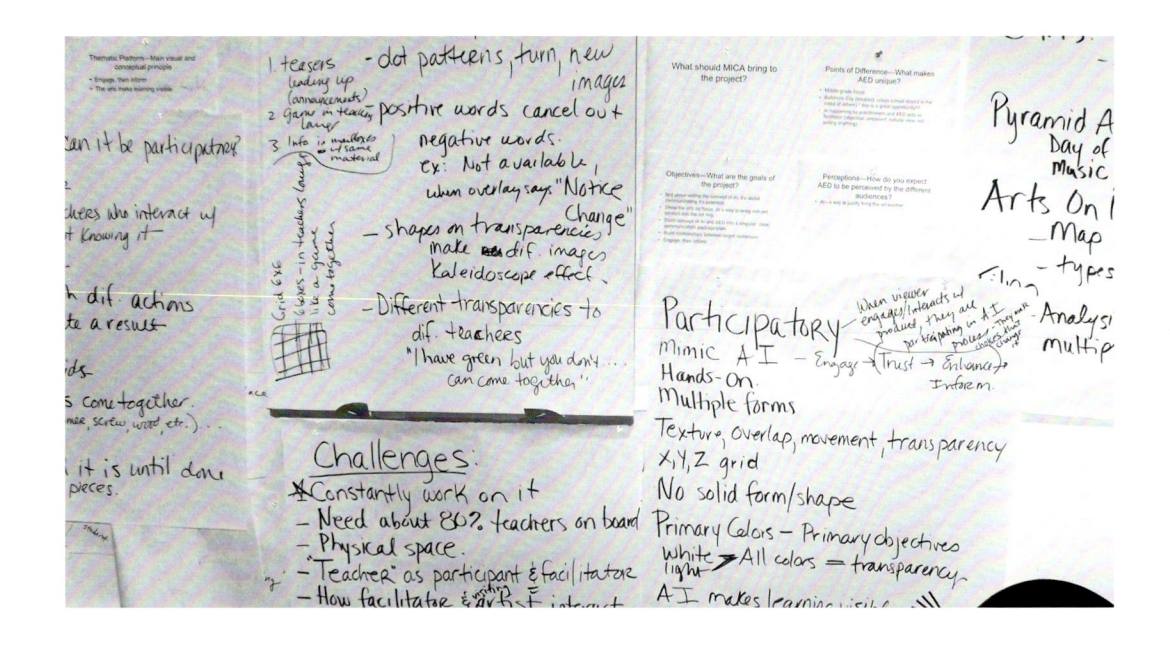

デザイン仕様書

多くのデザイン・プロジェクトを成功に導くのは、簡潔で実用的なデザイン仕様書だ。仕様書とは、デザイナーとクライアントが共同で作成する文書であり、これを完成させるためには、両者が最初の段階で十分な時間と労力を割いて、プロジェクトの目的を話し合わなければならない。しかしそれさえできれば、以後はその仕様書を基準に、プロジェクトの進行状況をチェックすることができる。MICAのセンター・フォー・デザイン・プラクティス（CDP）の学生たちも、あらゆる分野のコミュニティ主導型プロジェクトに参加する際、デザイン仕様書を作成して、それを基準に個々の作業を組み立てていく。実際仕様書は、アイデア出しや現地調査にも、大規模な広告キャンペーン、展示会、ブランドアイデンティティなどの制作にも役立つ。仕様書を作成するとき、CDPのデザイン・チームはまず、クライアントに質問表を渡す。そうすれば、彼らが自分たちの言葉でプロジェクトの目的を明らかにできるからだ。クライアントの要望がわかったら、デザイン・チームは入念なリサーチを行い、そのデータに基づいて修正案を出す。最後に、その修正案に対するクライアントの意見を聞き、両者の考えをすり合わせていけば、目的に沿った有効な解決策を生み出すことができる。

文：ローレン・P・アダムス

「クライアントが独自に作成した仕様書があっても、それは使わず、踏み込んだ内容の質問表を渡して改めて話し合うほうが、大抵はうまくいきます。」

エリック・シュビーカーマン

デザイン仕様書の作り方

01 質問をする

プロジェクトに関する質問表を作り、クライアントに渡す。この回答が、デザイン仕様書の第一案となる。代表的な質問例は次の通り。このプロジェクトで達成されるべき物事のうち、最もウェイトが大きいものは何ですか？ このプロジェクト特有の要素は何ですか？ プロジェクトの成功を確信できる理由は何ですか？ メッセージを届ける相手は誰ですか？ プロジェクトが始動してから、進行管理に携わるのは誰ですか？

02 リサーチを進める

丁寧にリサーチをし、クライアントと対象客への理解を深めよう。街に出て見ず知らずの人に話しかけても良いし、同様のコンセプトを持つアイテムを探してみても良い。既存のアイテムにはどんなものがあるか？ このプロジェクトの完成作品が使用されるのはどんな環境か？ 質問表に対するクライアントの回答からわかることは何か？ クライアントにパートナーとして協力してもらいながら、リサーチで得た情報に応じてデザイン仕様書を修正していく。

03 仕様書の内容を練り上げる

クライアントから得た情報とリサーチの結果を踏まえ、プロジェクトの骨子を定義する。プロジェクトの意義や特質を一文で言い表すことのできるコピーを作成する。

04 主要なメッセージを選定する

そのプロジェクトを通して伝えるべき主要なメッセージをリストアップする。クライアントと共に、デザイン仕様書の内容について話し合う。両者が合意に達したら、プロジェクトの目的に沿った解決策を探す作業に取り掛かる。

ケーススタディ
デザイナーズ・アコード サミット

アーツ・エヴリィ・デイ（Arts Every Day）は、ボルチモア市内のすべての教育機関が教育におけるアートの重要性を認識し、授業に取り入れることを提案する組織だ。MICAセンター・フォー・デザイン・プラクティス（CDP）からの質問票に答える中で、彼らは教師や経営陣がカリキュラムにアートを導入することの重要性を実感できるようなプロモーション作品を希望していることがわかった。CDPのデザイナーたちは、対象層について知るため、ボルチモア市内の2箇所の中学校を訪問し、アートを取り入れた実際の授業を参観したのち、生徒、教師、アートのコーディネーターに話を聞いた。そこでデザイナーたちが理解したのは、アートと教育の統合という理念を伝えるには、実際に生徒たちが授業で動いている場面を見せる必要があるということだ。そこでデザイン・チームは、中学校の生徒たちに光文字（ライト・ライティング）を実演してもらうことで、アートやデザインの力を伝えようと考えた。それをビデオ撮影すれば、それがそのままアーツ・エヴリィ・デイのプロモーション作品となる。完成したビデオ作品には、授業とアートの融合というコンセプトを生き生きと実践し、アーツ・エヴリィ・デイの理念を体現する生徒たちの様子が記録されたほか、いくつかの重要なメッセージも盛り込まれた。生徒たちを主役にしよう、有形の物質や身体感覚を使い学ぼう、複数のテーマを組み合わせて新しい何かを作り出そう、というメッセージだ。

ビデオ制作（下図）
一連のスチール写真はいずれも、光文字（ライト・ライティング）の授業を撮影した60秒のプロモーション・ビデオからの1コマ。完成ビデオ作品は、danube.mica.edu/cdp で視聴できる。

光文字（右ページ）
懐中電灯を使って光文字を書く練習をする生徒たち。
デザイン：ジュリー・ダイウォールド、マイケル・ミラノ、アーロン・タルボット

課題の見極め方 59

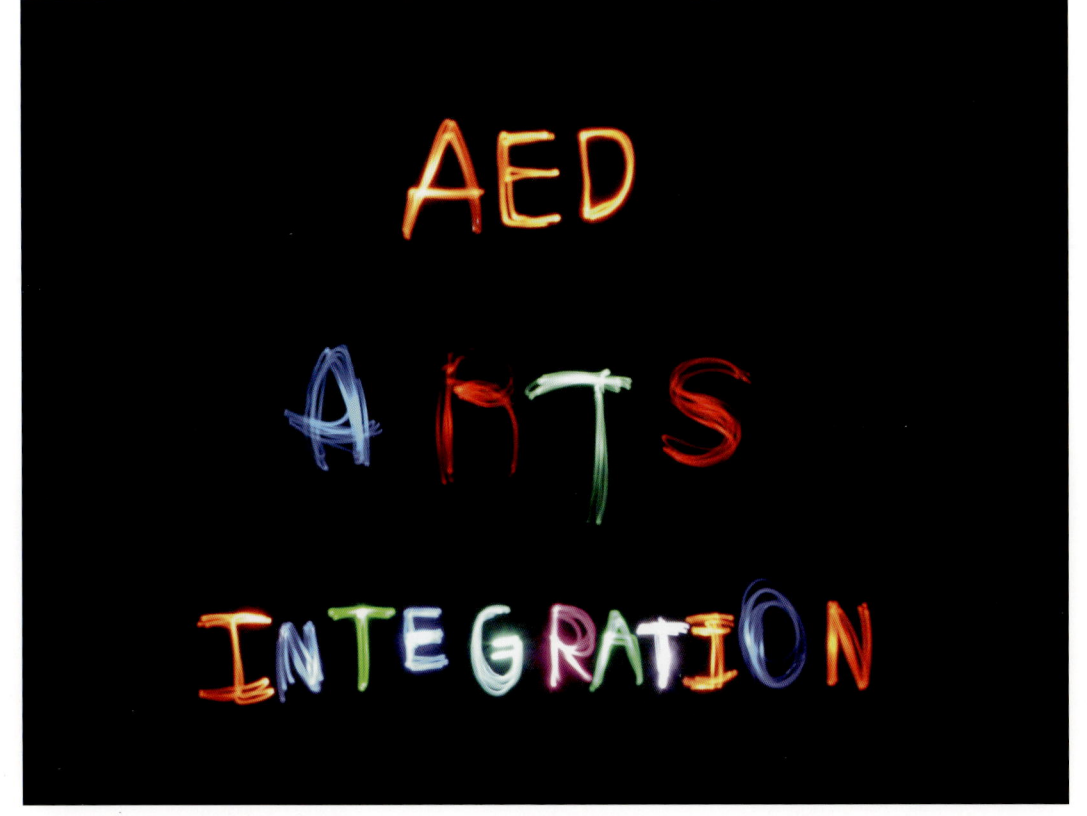

02

all i want to do is write things down for you

「アイデアはときに、最大の敵となります。
特に怖いのは、そこで思考がストップし、
別の発想ができなくなる場合です。」

ドン・コバーグ、ジム・バグナル

アイデアの出し方

プロジェクトの課題が明確になったら、次は解決策を考え出し、発展させ、練り上げていく段階だ。その際には多くの場合、さまざまなアイデアを自ら検証し、デザイン・チーム間で共有するだけでなく、クライアントや見込み客とも意見交換をしていくことになる。ノートに描いておいた魅力的なスケッチや、ホワイトボードに走り書きした印象的な言葉が、この時点で1つのデザイン案に発展し、具体的な形や生き生きとしたストーリーを獲得することも少なくない。

デザイン・プロセスの初期段階では、大きな網でプロジェクトの課題をすっぽり包み込むようにして、広く解決策を探ると良い。そうすると、単純明快なものから突飛なものまで、かなりの数のアイデアが出てくるだろう。デザイナーはまず、あらゆる可能性に対して心を開くことが大切だ。そこを通らなければ、いくつかの有力候補に狙いを絞り込み、さらに最終案を選び出して完成させていく作業には移れない。本章ではまた、最終的なコンセプトが決定したのちに何通りかのバリエーションを作成する方法や、基本コンセプトの可能性を手早く検証し、関係者に説明し、状況に応じて発展させていくための手法も紹介する。

ブックカバー、ポスター、出版物のイラストレーションなど、単独の静止画を扱うプロジェクトでは、アイデア出しから完成までのプロセスは一続きの真っすぐな流れとなる。しかしWebサイト、定期刊行物、モーション・グラフィックなど、より複雑なプロジェクトではたいてい、図表、ストーリーボード、スライドショー形式のプレゼンテーションなどを上手に取り入れてコンセプトの骨子を明確にしなければ、細部を仕上げて完成像を決定する段階には進めない。実物またはデジタル版の完成見本があると、デザイナーもクライアントも、完成作品が実際に人々に利用される様子を想像しやすい。

ビジュアル・ブレインダンピング

伝統的なブレインストーミングは、言葉を使い、多くは集団で行う思考法だ。ここで紹介するビジュアル・ブレインダンピング（脳の中身の洗い出し）はそのビジュアル版であり、1人で行うのに適する。

　デザイナー、ルーバ・ルコーヴァ（Luba Lukova）は、強いインパクトのポスター制作者として世界的に知られており、中央に1つだけ力強いイメージを配した紙面構成を得意とする。それらのイメージの多くは、2つのアイデアを1つに融合させたもので、そのビジュアル・メッセージの訴求力は非常に高い。2つのアイデアがぶつかり合うと第3の意味が出現し、単に個々のアイデアを合計した以上の力を得るため、作品全体にユーモアと異質な要素の対立が生み出すエネルギーがあふれるからだ。

　プロジェクトが始動し、その作品で伝えるべき情緒的または社会的メッセージが決まったら、ルコーヴァはまず、集中してスケッチを描く。小さなドローイングを、次々にたくさん描いていくのが彼女のやり方だ。演劇作品「じゃじゃ馬ならし（The Taming of the Shrew）」のポスター制作プロジェクトでルコーヴァが探し求めたのは、古くからのテーマである性差の問題を、意外性のある切り口から描き出すアイデアだった。彼女の初期のスケッチには、2つの顔でできたブラ、万力でぎゅっと締め上げられたハートなどが登場する。中でも繰り返し描かれるのが、乗馬のハミをかけた女性の顔だ。このアイデアをさらに掘り下げてメッセージ性を高めたのが完成作品であり、この女性は、男性の顔の形をしたハミをかけている。

文：エレン・ラプトン、ジェニファー・コール・フィリップス

「良く描けても使うチャンスに恵まれなかったスケッチは、アーカイブに保存しておきます。別のプロジェクトで、そこからアイデアが膨らむことも多いからです。」

ルーバ・ルコーヴァ

「じゃじゃ馬ならし（The Taming of the Shrew）」
コロンビア大学演劇研究センター（the Center for Theater Studies at Colombia University）のために制作されたスケッチとポスター。
デザイン：ルーバ・ルコーヴァ

ビジュアル・ブレインダンピングの行い方

01 スケッチを始める
プロジェクトの基本的な目的や諸条件を見極めたのち、紙と鉛筆を用意し、小さなドローイングを手早く次々に描いていく。

02 制限時間を設ける
20分間で少なくとも20個のスケッチが描けるよう、どんどん描き進める。同じページの中に小さなドローイングをたくさん描き込めば、見比べやすい。

03 描いたものは消さない
一旦描いたスケッチに修正を加えたい時は、消しゴムを使わず、別バージョンを新しく描く。スケッチが終了したら描き出されたアイデアを検証し、いくつかの候補案を選び出して練り上げていく。

「ブルー・イズ・ザ・ニュー・ブラック (Blue Is the New Black)」
ここ数世代に渡って女性たちは経済的にも社会的にも多くのものを獲得してきたはずなのに、なぜ現代女性は不幸だと報告されるのか？　左図は、この問題をテーマとする講演のポスターだ。デザイナーは、講演のテーマに基づいて手早く数々のスケッチを描き連ね、それらをそのまま発展させて最終案をまとめた。
デザイン：キンバリー・ギム

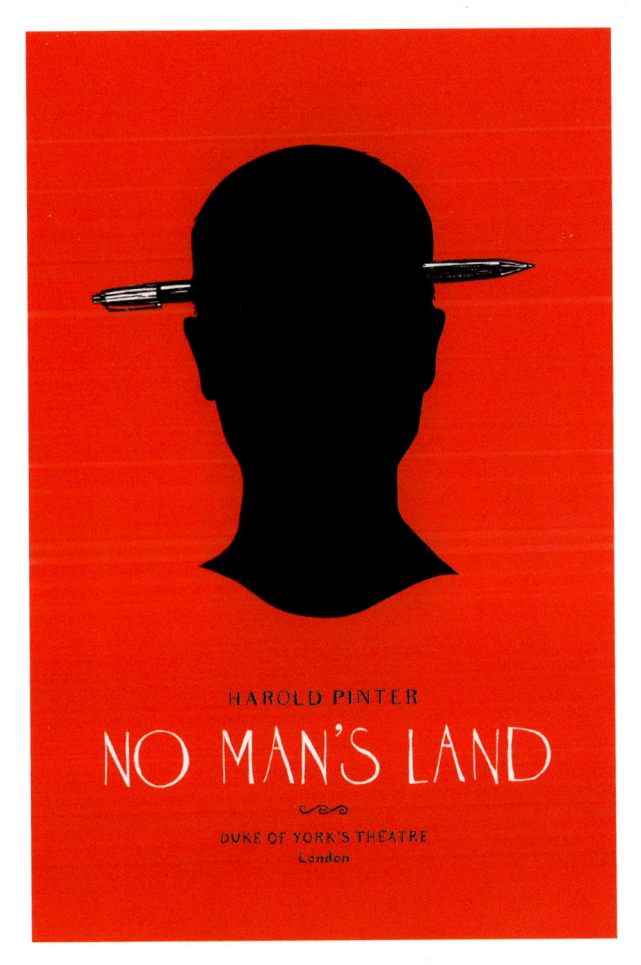

「誰もいない国 (No Man's Land)」
ルコーヴァが指導にあたったワークショップで、受講者たちは演劇作品「誰もいない国」を題材にスケッチを描き、ポスターを完成させた。「誰もいない国」は、酒に酔い意味不明なことを口走る文豪と詩人が、混迷した状況の中で長い夜を共に過ごすというストーリーであり、登場人物の人間模様が、やや暗いタッチで描き出される。
デザイン：ヴァージニア・ササー

アイデアの出し方 65

ケーススタディ
さまざまな心理状態の視覚表現

ビジュアル案を探るときは、ペンと紙を使ってスケッチするだけでなく、さまざまなイメージ素材を集めてデータベースを作るのも良い方法だ。今回のケーススタディは、ある種の心理状態を描写するワードマークを制作するという内容だが、デザイナーたちはアイデア出しの段階で、キーワードやスケッチを描き出すのではなく、テーマに沿ったイメージ素材を集めてデータベースを作るよう言い渡された。主題として与えられた言葉から、それぞれが自分なりに連想を働かせ、関連するイメージ素材を探し集めるのだ。言葉を使うブレインストーミングでは、ありきたりな発想にとらわれず新鮮な視点を持つことが必要だが、同様にビジュアル・ブレインストーミング（ビジュアル・ブレインダンピング）でも、深層に潜んでいて簡単には見つからない反応や連想を探り当てることが望ましい。そのようにしてビジュアル素材を集めれば、ワードマークのデザイン案はそこから自然に浮かび上がってくる。

不安
作者が不安というテーマから連想した言葉は、じりじり、イライラ、思い込み、心配、怯え。人の心を奥深くまで掘り下げた習作だ。
デザイン：ケイティー・ミッチェル

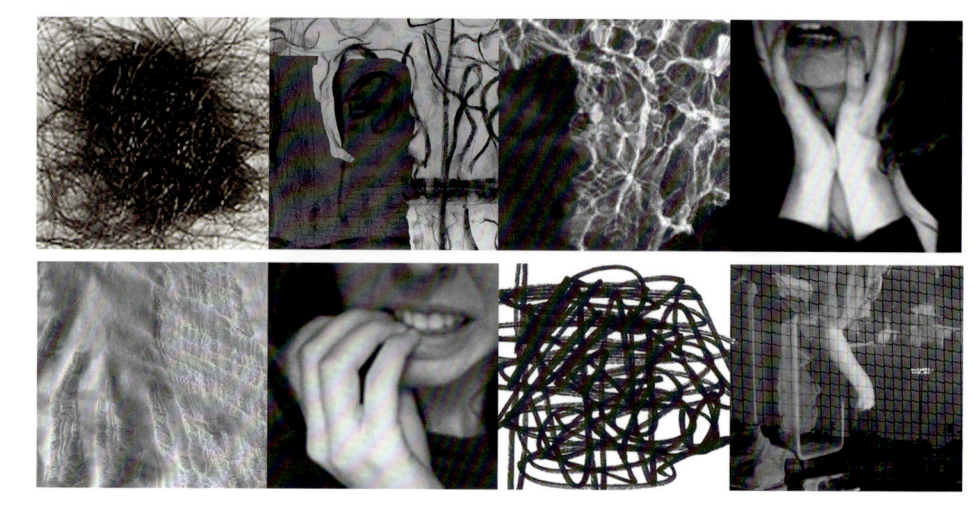

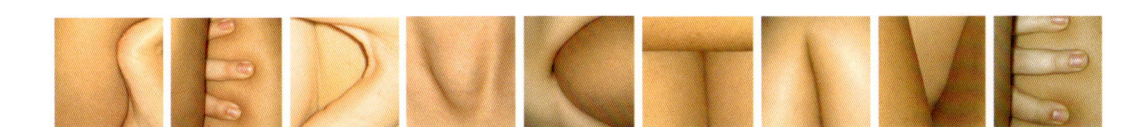

魅惑
作者がテーマから連想した言葉は柔らか、なめらか、つややか、ほてり、赤み、隠す、見せる。五感に訴えるようなイメージ素材が集まった。
デザイン：ヘダ・ホクシャー

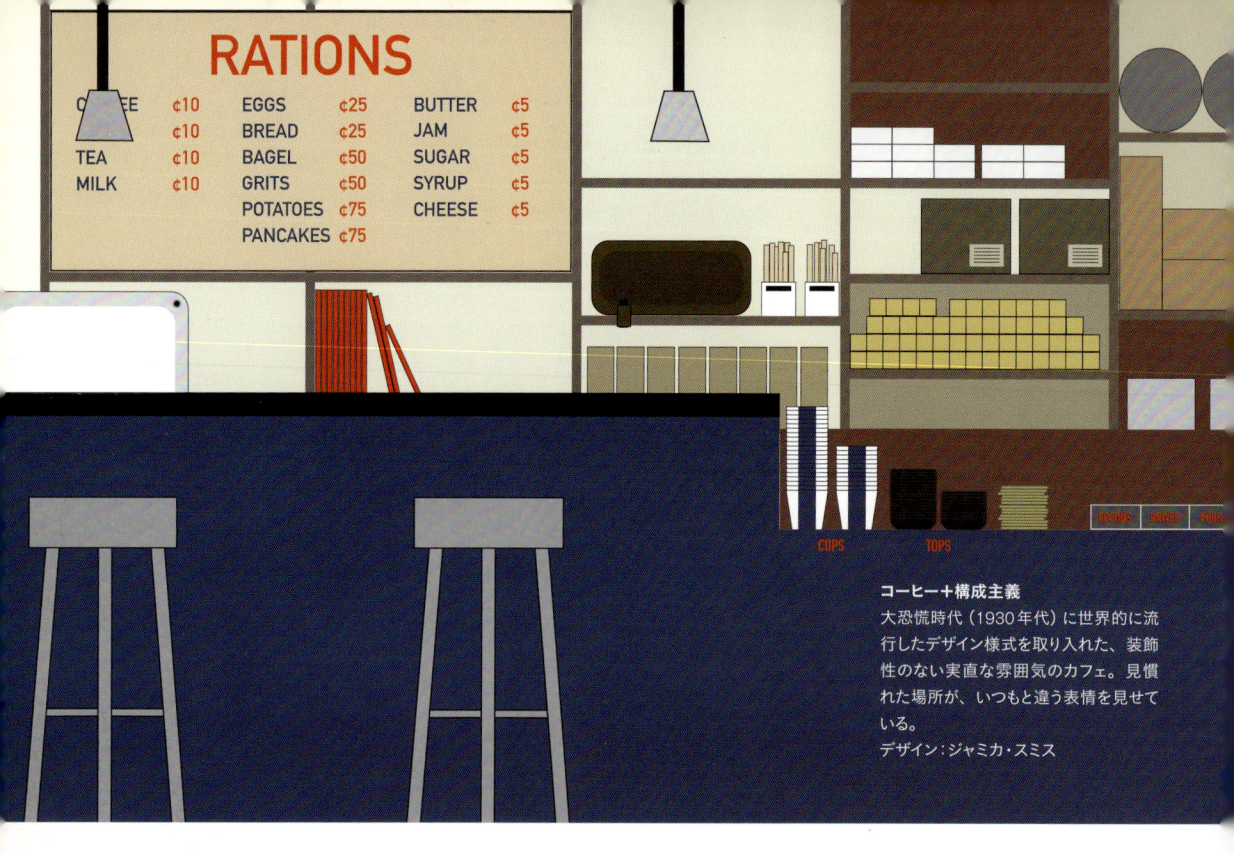

コーヒー＋構成主義
大恐慌時代（1930年代）に世界的に流行したデザイン様式を取り入れた、装飾性のない実直な雰囲気のカフェ。見慣れた場所が、いつもと違う表情を見せている。
デザイン：ジャミカ・スミス

強制連関法

クッキードー（クッキー生地）フレーバーのアイスクリームから、ジェーン・オースティンにゾンビを組み合わせた小説『高慢と偏見とゾンビ』まで、興味をそそるアイデアは、意外な要素同士のぶつかり合いから生まれることが多い。さまざまな製品、サービス、スタイルを思い付くままにリストアップしたのち、それらを強制的に関連付けてみると、意表を突く斬新なデザインや新しい機能のアイデアが生まれてくることがある。たとえばコーヒーショップの内装だ。近年は、基調色がダークレッドと茶、テーブルと床が木製というのが定番で、運が良ければ座り心地の良いソファがある。だが、カフェが構成主義風の内装だったらどうだろうか？　あるいは、プリントショップまで行くべき用事が、コーヒー・ブレイク中に片付いてしまったらどうだろう？　コインランドリーについて考える場合も同様だ。近年、利用者が徐々に減りつつあるコインランドリーを、どうすればより魅力的な場所に変貌させられるだろうか？　複数のサービスを組み合わせたり、意外性のあるスタイルを導入したりすれば、お決まりのパターンに陥らない発想を生み出すことができる。
文：ローレン・P・アダムス、ベス・テイラー

強制連関法をプロダクト・デザインに応用する方法については、ドン・コバーグとジム・バグナルが以下の共著で論じている。『The Universal Traveler: A Soft-Systems Guide to Creativity, Problem-Solving, and the Process of Reaching Goals』（サンフランシスコ、ウィリアム・カウフマン社、1972年）。

エスプレッソ＋印刷インキ
これは、2つの異業種を組み合わせるというコンセプト。ただし、プリントアウトした書類にコーヒーをこぼさないように。
デザイン：キンバリー・ギム

強制連関法の行い方

01　関連付けする要素を選ぶ
サービス業務、ロゴタイプ、家具など、企画・制作するアイテムや業務内容に応じて、どのような要素を強制連関法で組み合わせるかを決める。組み合わせの例としては、複数のサービス（ジム＋コインランドリー）、複数の芸術様式（純文学＋チープ・ホラー）、複数の機能（ソファ＋ワークスペース）などが考えられる。

02　2つのリストを作る
仮に、新しいタイプのコーヒーショップを企画するとしよう。その場合はまずブレインストーミングを行って、別種の業務（注文服の仕立て、ペットのグルーミング、自転車修理など）をリストアップする。この第1のリストの各項目とコーヒーショップの業務を組み合わせ、結果を想像してみる。それぞれの新ビジネスの名称は何が良いか？　そのビジネスを実現させるためには何が必要か？　対象客はどのような人々か？　あなたはその店に行ってみたいか？

03　さまざまな様式やメッセージや機能を組み合わせる
強制連関の中心テーマ（美術館＋自然、学校＋ランチ、コーヒー＋節約生活など）が決定したら、両者の相違点や共通点を特定する。続いて、両者に関係のあるイメージやコンセプトをリストアップし、この第2のリストの各項目を関連付ける。

04　実行可能な案を選ぶ
企画の実現に向けて、内装や商品、その他の関連アイテムをデザインし、簡単な完成予想図を作成する。相容れないもの同士の組み合わせをうまく機能させるためには、フォルム、色、言葉、タイポグラフィなど、ひとつひとつの要素の選び方が大事だ。強制連関法を利用すると、事物の外観と機能の両面について、さまざまな可能性が発見できる。完成予想図は、上図のようなすっきりした2Dグラフィックにすれば、細部の仕様を煮詰めなくても、構想のキーポイントを手早く具体的に伝えることができる。

アイデアの出し方　69

ケーススタディ
コインランドリー

見開き両ページで紹介しているのは、強制連関法で企画された新しいタイプのコインランドリーの完成予想図だ。デザイナーのベス・テイラー（Beth Taylor）とローレン・P・アダムス（Lauren P. Adams）は、打ち捨てられたかのようなさびれた場所だったコインランドリーを楽しい寄り道スポットに変身させることを目標に、さまざまなデザイン様式や新機能を検証し、いくつかの企画を提案した。

洗濯槽＋パーコレーター（濾過器）
コインランドリー＋コーヒーショップという着想にレトロなグラフィックを取り入れた企画。完成予想図は、合成写真と関連アイテムのイラストで構成されている。ロゴのデザインが象徴するのは、店舗全体のノスタルジックな雰囲気だが、エプロン型の制服は、ここが楽しく過ごせる場所であることを強調し、洗濯物を洗って乾かす間にコーヒー・ブレイクを楽しもうというメッセージを伝えている。
デザイン：ベス・テイラー

コインランドリー＋ジム（上図）
服を洗濯する間はワークアウトに励み、乾燥中はサウナを楽しんで、時間を有効に使おう、という提案。
デザイン：ベス・テイラー

コインランドリー＋50年代のデザイン様式（下図）
レトロな空間で友達とおしゃべりしよう、という提案。凝ったインテリアがシンプルな線画で表現されている。
デザイン：ローレン・P・アダムス

アイデアの出し方 71

ケーススタディ
多目的型の道具

家の中には、さまざまな道具類があふれている。では、2つ以上の道具を1つに合体させて新しい道具を作ったらどうなるか？ 強制連関法を使ったこの簡単なエクササイズでは、非実用的なふざけたアイデアも出てくるだろうが、機能性に優れ、すぐにでも商品化できそうなアイデアも出てくるはずだ。デザイナー、ローレン・P・アダムスは、さまざまな道具を種類別に文字でリストアップしたのち、異なるグループに属する2つの道具を組み合わせ、スケッチした。

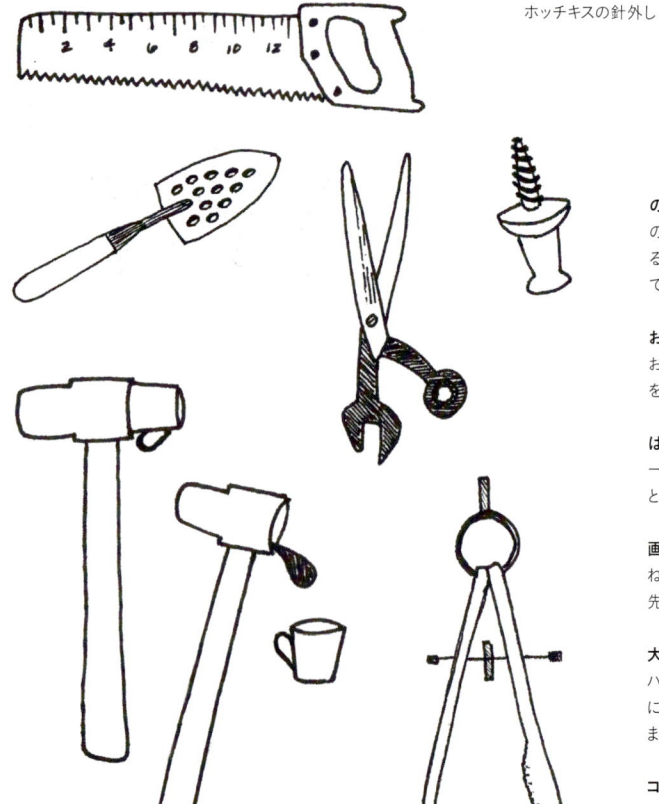

文房具	キッチン用品	工具
画鋲	スパチュラ（へら）	レンチ
ホッチキス	レードル（ひしゃく）	金づち
はさみ	泡立て器	釘
マスキングテープ	ナイフ	巻き尺
穴あけ器	トング	T定規
鉛筆	ピーラー（皮むき器）	移植ごて（園芸などで使う）
接着剤	栓抜き	のこぎり（手引きのこ）
定規	缶切り	クランプ（締め付け金具）
マーカー	カクテルシェーカー	ねじ
コンパス	計量カップ	ドライバー（ねじ回し）
クリップ	食器洗いスポンジ	水平器
ホッチキスの針外し	おろし金	ステープルガン（大型ホッチキス）
	漏斗	大ハンマー
	めん棒	
	粉ふるい	

のこぎり＋定規
のこぎりで何かを切るときは大抵、まず長さを測る必要がある。ならば何故今まで、のこぎりの刃に定規の機能が付いていなかったのか？

おろし金＋移植ごて
おろしたてのチーズをすくって散らしても良いし、泥の固まりを細かく砕いて移植しても良い。

はさみ＋レンチ
一見良い思い付きのようだが、実際にはさみを使おうとしたところで、そうではないことがわかる。

画鋲＋ねじ
ねじの頭が画鋲のようになっていると、持ちやすい。画鋲の先がねじのようになっていると、留める力が強まる。

大ハンマー＋カクテルシェーカー
ハンマーを振る動きは、カクテルをシェークするときの動きに似ている（もう一度ハンマーを使うときは、まず酔いを醒ますこと）。

コンパス＋ナイフ
クッキー生地を正確にカットすることのできる、数学好きのためのアイデア商品。

ケーススタディ
視覚のダジャレ

対象層の興味を引き付ける手段として、デザイナーがユーモアを利用することは多い。まったく異なる2つの要素がぶつかり合うと、予想もしないような効果が生まれるが、それが絶妙なズレを生んで面白く伝われば、見る者の笑いを誘う。冴えたユーモアというものは、多くの場合、鋭い批評的な視点を伴う。ここに紹介した視覚のダジャレの作者、ライアン・シェリー（Ryan Shelley）は、広く認知されたブランドのイメージにダークな要素を盛り込んでおり、見る者は、車や電話やバービー人形が軽く毒気を放つスース博士（Dr.Seuss：米の絵本作家）風の世界へと導かれる。

変則的な品質管理
マーケットを代表する商品に、あまり歓迎されないフォルム（銃、ピル、爆弾、サメなど）を組み合わせることで、資本主義の残酷な側面を批評した作品。デザイナーは、これらのグラフィックを原案にして、グラフィティ用のステンシルを制作した。

縮小する：街の小屋

拡大する：巨大なガレージ

家のあり方を再考する

コバーグとバグナルは共著『The Universal Traveler』（1972年）の中で、動作動詞を使って新しい家のあり方を構想した。この発想法は元々、アレックス・F・オズボーンが著書『Applied Imagination』（1953年）で提唱したものだ。

構想：ドン・コバーグ、ジム・バグナル
スケッチ：ローレン・P・アダムス

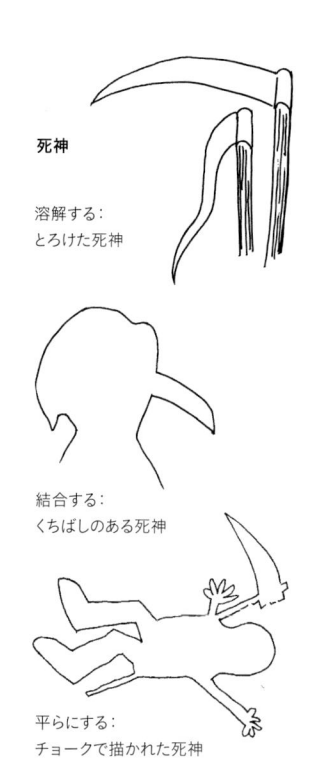

置き換える：キッチンで眠る

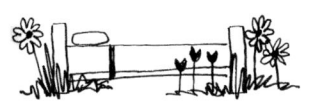

逆転する：庭で暮らす

動作動詞

アレックス・F・オズボーン（Alex F. Osborn）はブレインストーミングの考案者として有名だが、その他にも創造力を活性化するための有効な発想法をいくつか考案している。その1つが、拡大/縮小する、置き換える、変更する、応用する、転用する、代用する、逆転する、統合するという動詞（キーワード）を基本テーマに当てはめて検証する思考法だ。これらの動詞が意味する通りに基本テーマを動かしてみると、その構造や外観や性質が変化する。この発想法をデザインに利用すると、1つの基本テーマから、驚くほど多様で斬新なバリエーションを簡単に作り出すことができる。死神（通常、大きなカマを持ちマントを着ている）や的当てといった定番のイメージでさえ、これらの動詞を使って動かすと、見違えるほどの変化をみせる。この技法は、平面イメージだけでなく、立体や各種の制度・技術などにも応用可能だ。家、本、ソファなどの身近な生活用品を題材に、大きさや素材や使い方を動作動詞で変更し、新しいバリエーションを考案してみよう。

文：ローレン・P・アダムス

死神

溶解する：
とろけた死神

結合する：
くちばしのある死神

平らにする：
チョークで描かれた死神

スケッチ：モリー・ホーソーン

諦めない　　　　　　　　　　　　平らにする 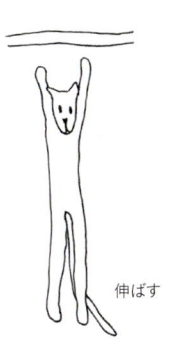　　　　　　　　　　　　　伸ばす 　　　　　　　　　　　　逆さにする

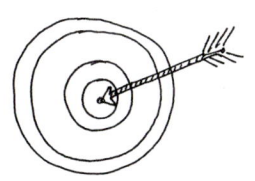

スケッチ：ベス・テイラー

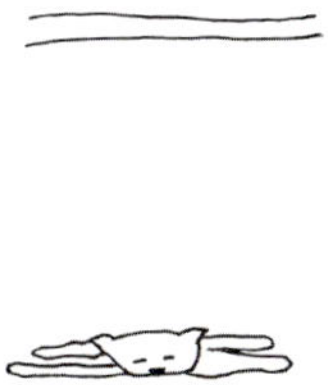

的当て　　　　　　　　　　　　　拡大する　　　　　　　　　　　　　　増やす　　　　　　　　　　　　逆さにする

スケッチ：クリス・マッキャンベル

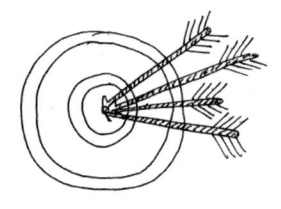

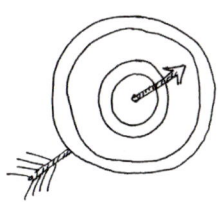

アイデアの動かし方

01　基本テーマを決める
基本テーマはおそらく、ありふれたもので良い。プロジェクトの効果を象徴する的てのイメージとか、諦めない姿勢を象徴する枝にぶら下がった子ネコのイメージなどだ。定番の表現の多くがそうであるように、これらの馴染み深いイメージは、メッセージを伝えるための共通言語として役立つ。

02　基本テーマに一連の動詞を当てはめる
簡単なスケッチを描く。上図の例で示した動詞だけでなく、溶かす、切り離す、破裂させる、粉々に砕く、絞るなど、普段あまり使わない言葉も試してみよう。描き終えたスケッチを評価したり、1つの案に時間をかけ過ぎたりせず、一連のキーワードのスケッチを手早く描き上げること。

03　1歩下がって結果を検証する
古い定番の表現は新展開を見せたか？ 広く知られている問題は斬新な方法で解決されたか？ 馴染みのストーリーは新たなエンディングを迎えたか（子ネコが木から落ちたらどうなるか？ 死神が自分の棺おけを蹴飛ばしてしまったら？）？ 特に面白いアイデアを選び出し、さらに掘り下げよう。

アイデアの出し方　75

ブランコ　　　　　ボール遊び　　　　　おやつ

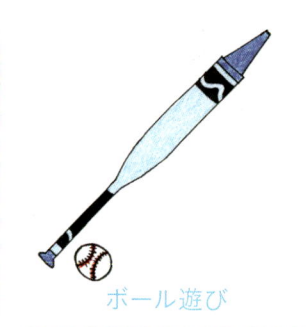

昼寝　　　　　　　洗濯　　　　　　　工作

クレヨンを使った保育所の標識
保育所の標識に使用されたクレヨンのイラストは、動作動詞を使って変形されている。個々のアイコンを見れば、そこがどのような活動スペースかがわかる。
デザイン：ローレン・P・アダムス

ケーススタディ
動作を実演するアイコン

上図の標識を制作したデザイナーは、動作動詞を使う方法で基本テーマのバリエーションをデザインした。これは保育所の標識システムであり、基本イメージであるクレヨンは、曲げる、ふかふかに膨らます、変形する、溶かす、絞る、枠を付けるという動作を実演することで、見慣れたクレヨンとは違う新しい形状を獲得している。右ページの作例は、玩具店のためのアイコンだ。誰もが知っているイメージ（パズルのピース）が、一連の動作を実演し、思いがけない形状に変身している。

厚くする　　　　　逆にする

結合する 　　　　　拡大する＋縮小する

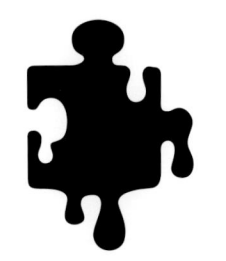

パズルのピース
パズルのピースは、おもちゃのシンボルであると同時に思考のシンボルでもあるので、知育玩具店のマークにぴったりだ。古くからの定番イメージが、動作動詞を使ったスケッチと習作の中では、さまざまな動きを生き生きと実演している。
デザイン：スピサ・ワタナサンサニー

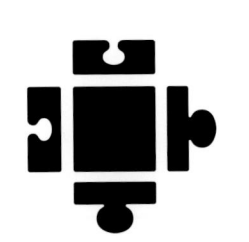

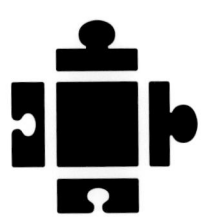

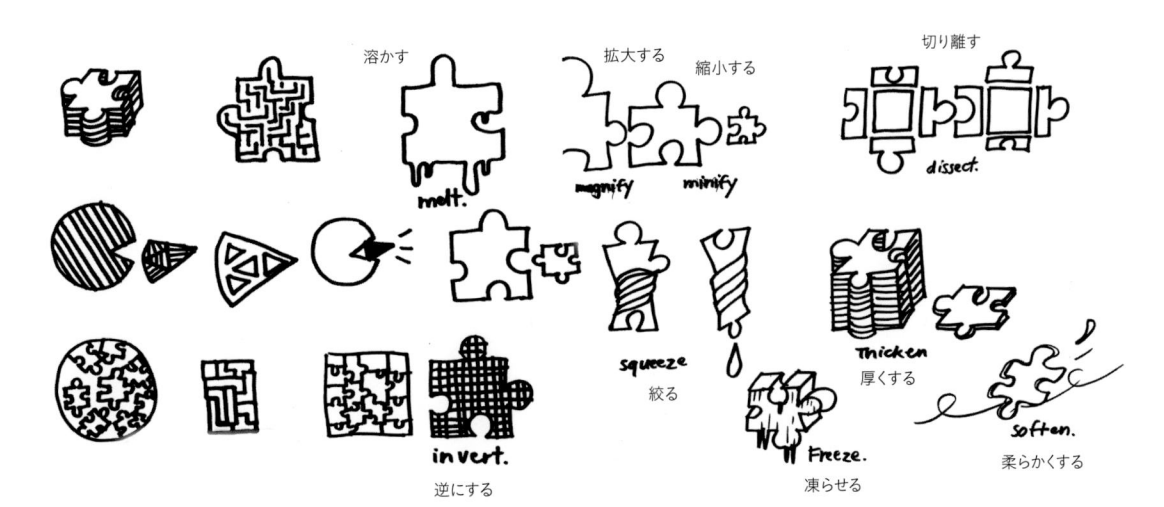

溶かす　　　　　切り離す

溶かす　　　拡大する　縮小する　　切り離す
melt.　　　magnify　minify　　dissect.

squeeze
絞る

Thicken
厚くする

invert.
逆にする

Freeze.
凍らせる

soften.
柔らかくする

アイデアの出し方　77

あらゆる分野であらゆるヒントを

グラフィック・デザインの現場では、他のデザイナーやアーティストの作品がひっきりなしに目に入るし、身の回りには自然や科学、報道メディアやポップカルチャー、優れたアートやガラクタのようなビジュアルがあふれている。アーティストや著述家の中には、自らの内に湧き上がるアイデアを見つけ出そうと内省的になる人が多いが、インスピレーションは外界からもやってくるものだ。クライアントから渡される仕様書や前年のデザイン年報だけをヒントにアイデアをひねり出すのはやめて、あらゆる分野に目を向け、さまざまなインスピレーションやアイデアを手に入れよう。

　たとえば自然界には、人の身体の循環系から樹皮や岩層に至るまで、さまざまなシステムやパターンが存在する。文学の世界が提供してくれるイメージも、尽きることがない。ダンテが描き出す地獄は円形の世界のモデルだし、シェークスピアの比喩表現には言葉に関する無限のヒントがある。しかしデザイナーの中には、せっかくデザイン界の外側に目を向けても、画家や戯曲家の存在を見落とす人がいるようだし、科学のグラフを見ても、構造を十分に理解しないまま外観だけを引用して満足する人もいる。馴染みのない物事を受け入れることが簡単でないのは、デザイナーでなくても同じだ。多くの人は、口にしたことのない食べ物を食べることや、テレビのない場所に行くことには抵抗を示す。

　見慣れないものに目を向けると、デザイナーはあらゆる分野であらゆるヒントを得ることができる。芸術、自然、マスコミ、科学の世界を探してみよう。色、書体、イラスト、テクスチャに関するさまざまなアイデアが発見できるはずだ。あらゆるものを観察する試みは、ユーモアを開放し、まったく共通点のない要素を合体させて新しいコンセプトを生み出す作業（68ページ「強制連関法」参照）にも役立つ。アイデアはどこでも見つけられるが、どこも見なければ何も得られない。すべての創造のヒントは、私たちを取り巻く文化の中にある。

文：ライアン・シェリー、ウェスリー・スタッキー

アイデアを探すなら、
自身の外側に目を向けて
学ぼう。

プレート理論
右図のポスターで、デザイナーは木製の活字を使い、プレート（岩板）の衝突を表現した。

ロック・ミュージック
色使いやざらついた肌触りを表現するためのヒントとなったのは、ロック音楽のリズムと、アルバム・ジャケットのグラフィックだ。

地下鉄路線図
地下鉄路線図のグリッド状の構図は、都市生活や都市構造を感じさせる。

テクスチャ
ポスターの手描きのテクスチャは、中心部で密度が高くなっており、地震の被害が震源地から放射状に広がっていることを暗示する。

16:53
2010年1月12日16時53分、ハイチで地震が発生した。このポスターは、復興に向けて始動したハイチ・ポスター・プロジェクトのための作品だ。このプロジェクトに賛同したデザイナーやアーティストは、すべてのポスターを直筆サイン入りの限定品として無償で制作し、収益は国境なき医師団に寄付された。プロジェクトの発起人は、レイフ・シュタイナーとジョシュ・ヒギンズである。
デザイン：ライアン・シェリー

あらゆる分野であらゆるヒントを得る方法

01　スポンジのように
食器洗いスポンジのようにではなく、海綿のように、積極的に吸収し、制作の糧となるものを選び抜こう。すべてに目を配ってほしい。中でも特に重要なのは読書だ。J.R.R.トールキンは天才であり、アーティストが天才から学べることは多い。

02　スケッチブックを手元に
仲の良い友人が着ているシャツと、床に敷いたカーペットとのコーディネートが抜群であるなら、その色柄をメモしておく。好きな曲の歌詞から、写真撮影のためのアイデアが閃いたら、その歌詞をメモしておく。こうした雑多なメモは、いつか必ず役に立つ。シャワーの最中に良いアイデアが浮かぶことも多いので、記憶力も強い味方だ。

03　他のアーティストやデザイナーを観察する
彼らがどうやってアイデアを集めているかを調べ、同じことをやってみる。とにかく何でも観察すること。新たに学ぶべき物事は必ずある。

04　データベースを作る
本を読み、音楽を聴き、動物園に出かけて、資料を集める。インターネットで見つけた画像や情報はお気に入りに登録しておく。ダンスの動きをグリッド状のパターンで表現してみる。そのようにして作り上げた自分だけのデータベースは、必要に応じていつでも利用できる図書館のようなものだ。

05　コンセプトを念頭に
多種多様な素材をいっぺんに処理するのは難しいが、形式やコンセプトを特定し、その枠組みにしたがって取り組めば、デザイン・プロセスはスムーズに進む。

ケーススタディ
ハイチ・ポスター・プロジェクト

ここでは、ハイチ・ポスター・プロジェクトに作品を提供した3人のデザイナーが、制作時に使用した参考資料を紹介する。テーマは同じでも、制作時の基本コンセプトやビジュアル素材に応じて、表現は大きく変わることがわかる。

マンダラ
マンダラは仏教の図絵で、平和、静謐、悟りの境地を表す。また、聖域のしるしでもある。

線画
一筆書きの線は、世界規模の救援活動が展開されている被災地ハイチと、世界各地に離散を強いられたハイチ人とのつながりを象徴する。

泥
きめが粗く、ざらついて赤っぽい紙は、被災地の荒れた土壌を表す。

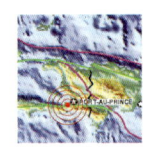

地図
地震地図に示されている通り、同心円は地震動の到達範囲を示す。

デザイン：クリス・マッキャンベル

フランス製の布地
フランス製の布地にプリントされた絵柄は、ハイチとフランスとの歴史上の関係性と、絵のように美しいハイチ海岸を表現するヒントとなった。

赤十字
赤十字のマークは救援、平和、安心、希望の象徴であると同時に、傷つき苦しむ人々の象徴でもある。

レンズ
円形のフレームは、他国の人々の目に映るハイチの姿を象徴する。他国の人々は、主にメディアを通してしか、ハイチの大災害を知ることができない。

地球
繰り返し使用される円のモチーフは、ハイチが地球上の1つの島であることを意味する。

デザイン：ウェスリー・スタッキ

アイデアの出し方　81

> Rhetoric
>
> logos — pathos — ethos
> ↓   ↓   ↓
> objectivity, reasoning   emotion, appeal   credibility, character
>
> 5 CANONS: Arrangement, Style, Delivery, Memory, Invention
>
> ↓
> figures of speech
> ↙   ↘
> schemes tropes

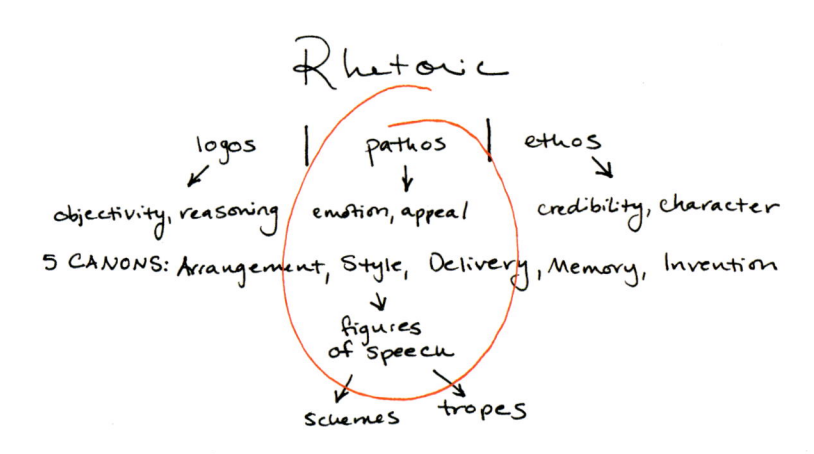

修辞的表現
（レトリック）

何世紀にも渡って、詩人や弁士や作家たちは言葉を巧みに操り、人々の**ロゴス**（理性）や**パトス**（感情）や**エートス**（倫理観）に訴えかける多様な表現技法を編み出し、利用してきた。修辞技法（レトリック）とは、複数の概念を有効に関連付けることで表現性を高める、演説のテクニックだ。これらの技法は、言葉の分野で、文章の魅力や説得性や美しさを際立たせるだけでなく、デザインの分野でも、同じ効果を発揮してくれる。アリストテレスの『弁論術（Rherotic）』（紀元前350年前後）によれば、効果的な主張に必要な要素は3つある。「その1：説得性を高める仕掛け、その2：選び抜かれた言葉と表現スタイル、その3：文章の各部の適切な配列」だ。説得性や表現スタイルや配列に工夫を凝らすことが大事なのは、デザインの分野でも変わらない。修辞法と総称されるさまざまな表現形式や戦術は、デザイナーにとっても、ありふれた表現で終わらせないための手法としてたいへん有効だ。

　修辞法は、言葉のリズムや響きに装飾を加えることで意味を強調する表現法であり、その技法は、語句の配列順を変える**配列変更**（スキーム）と、語句の意味に手を加える**比喩**（転義）の2種類に大別される。通常は言語表現に用いられるこの表現法は、ビジュアル表現においても、アイデア出しのツールとして、または1つのコンセプトの別バージョンを探るためのツールとして利用できる。言葉の修辞法が、ありきたりな言い回しをしたくないときに役立つように、平面デザインや立体デザインや各種レイアウトに修辞法を応用すれば、どこかで見たようなビジュアルとは一味違った、ある種の詩的な表現ができるはずだ。

文：ヴァージニア・ササー

アリストテレスはこの説得術を、以下の著作で体系的に成文化した。『弁論術（Rhetoric）』（W.D.ロス編、W.リス・ロバーツ訳、ニューヨーク、コシモ・クラシックス社、2010年）。修辞法をグラフィック・デザインに応用する方法に関しては、ハンノ・エセスとエレン・ラプトンが共著『Design Papers: Rhetorical Handbook』（ニューヨーク、ザ・クーパー・ユニオン社、1988年）で解説している。

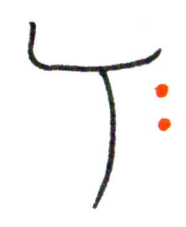

吸血鬼のレトリック
提喩（代喩）、換喩、対句

代表的な修辞技法

01 引喩
人、場所、物事などを引用する方法。例：路上が彼のためのジャクソン・ポロック（アクション・ペインティングの提唱者）となった。

02 拡充
対象の特色をいくつか併記して修飾する方法。例：ガラガラヘビの出す音—あの単調で耳障りで不吉な音が、私に止まれと警告した。

03 倒置法
標準的な語順を逆転させる方法。例：この自然のままの美しい湖が、小太りの少年がキャノンボール飛び込みをしたのは。

04 アンチメリア
1つの言葉の品詞を別の品詞で置き換える方法。動詞や形容詞を名詞の代わりに使うなど。例：手を離して、ひどい人！（ひどい人 → you beast＝名詞＋名詞）

05 対句
反対の意味を持つ句を、同じ語順で繰り返す方法。例：イヌへの愛情が増したので、ネコへの愛情は減った。

06 省略法
文脈から推し量ることのできる言葉を省略する方法。例：私が愛しているのは自分のイヌだ、そして彼はフリスビーだ。

07 誇張法
強調表現として、またはユーモアを交える目的で、大げさな表現をする方法。例：彼女がためらう姿は宇宙空間からも見える。

08 緩叙法
控えめに表現する技法で、多くは二重否定を使う。例：彼女の個性的な性格は、紙やすりに似ていなくもない。

09 隠喩
まったく別の事物やコンセプトを引き合いに出すことで、共通の特徴を伝える方法。例：彼女の友人である吸血鬼は、飢えた夏の蚊だ。

10 換喩
本来の名前で呼ぶ代わりに、同種の性質を持つ別のものの名前で呼ぶ方法。例：ペンはライトセーバーより強し。

11 逆説（パラドックス）
直観に反した表現を使い、ときに皮肉で不合理な響きを持つ表現も交えて、反対の内容を伝える方法。例：ロマンスグレーと呼ぶには歳を取りすぎている。

12 掛詞
同じ音または似通った音でできた別の言葉を使う、シャレや言葉遊び。例：このナチョス (nachos) はきみのじゃない (not yours)。

13 擬人法
無生物や抽象概念を人間に見立てて表現する方法。例：月は、人目を避けて暮らす雪男に優しく微笑みかけたあと、見て見ぬふりをした。

14 ポリプトトン
同じ語根から派生した語を繰り返す方法。例：私はこのリーダーにはついていかない。彼をうまくリードして大成功を収めてみせる。

15 反復法
長い節の中で1つの単語や句を繰り返す方法。例：食事の支度にオーブンを使い、えさの準備にオーブンを使い、保存食を作るのにオーブンを使う。

16 提喩（代喩）
一部で全体を表す方法。例：彼女の車を見れば年がわかる。

アイデアの出し方

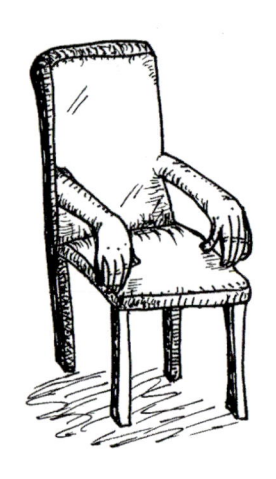

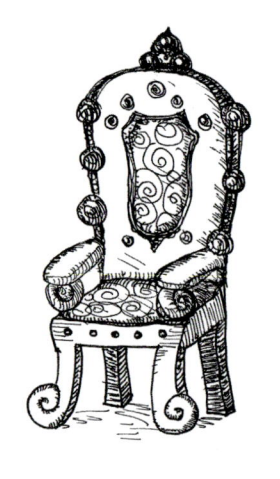

擬人法
人間的な性質が与えられた椅子。

換喩
王座という言葉は一般に、王または統治者そのものを指す言葉としても使われる。

引喩
パイプタバコが、シグムント・フロイトを想起させる。

ケーススタディ
修辞的にデザインされた椅子

文筆家が修辞技法を利用すると、標準的な言葉の使い方とは違った表現で、さまざまなメッセージを伝えることができる。デザイナーもこの技法を利用すれば、イメージと言葉のどちらを扱う場合も、型にはまらない表現が可能だ。文学における修辞技法の多くは、メッセージを伝えるために、読み手の頭の中に何らかのイメージを呼び起こそうとする。そういったイメージがあると、身近な事物に新しい光が当たり、読み手はそれを手がかりにメッセージを読み解くことができる。今回のケーススタディでは、デザイナー、ヴァージニア・ササー（Virginia Sasser）が各種の修辞技法にのっとって制作した多彩な椅子を紹介しよう。この種のアプローチを練習しておけば、与えられた課題に対して、平凡な解決策に真っすぐ辿り着くのではなく、概念的・象徴的な発想ができるようになる。

倒置法
脚を座面に取り付けることで、通常の椅子の構造を逆転させたもの。

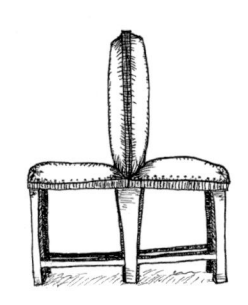

対句
構造を同じくする2脚の椅子を、背中合わせに配置。

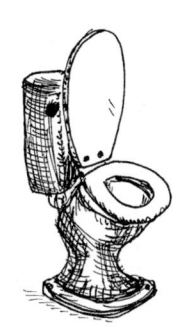

アンチメリア
便座の目的を置き換え、椅子として使用。

省略法
脚の1本を取り外した椅子。

誇張法
極端に座面が高いオフィス・チェア。調節可能であることの誇張表現。

緩叙法
椅子の目的を実際より控えめな描写で表現する、床の上のクッション。

逆説（パラドックス）
スパイクが、椅子の本来の用途を台無しにしている。

反復法
椅子の背に開いた穴の模様が、脚の部分で再現されている。

提喩
キャスター付きの脚だけで、オフィス・チェア全体を思い浮かべることができる。

アイデアの出し方 85

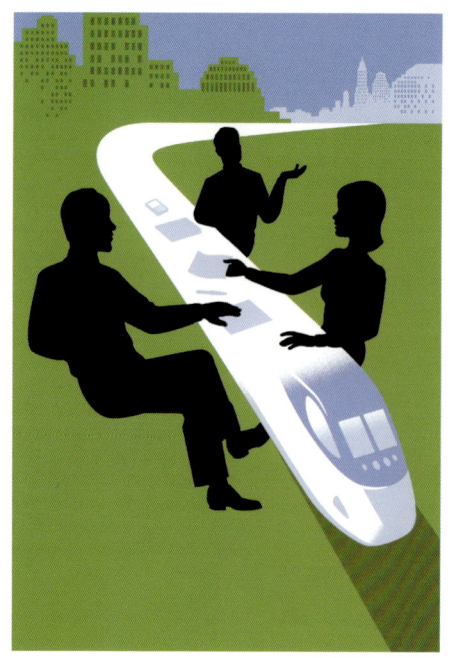

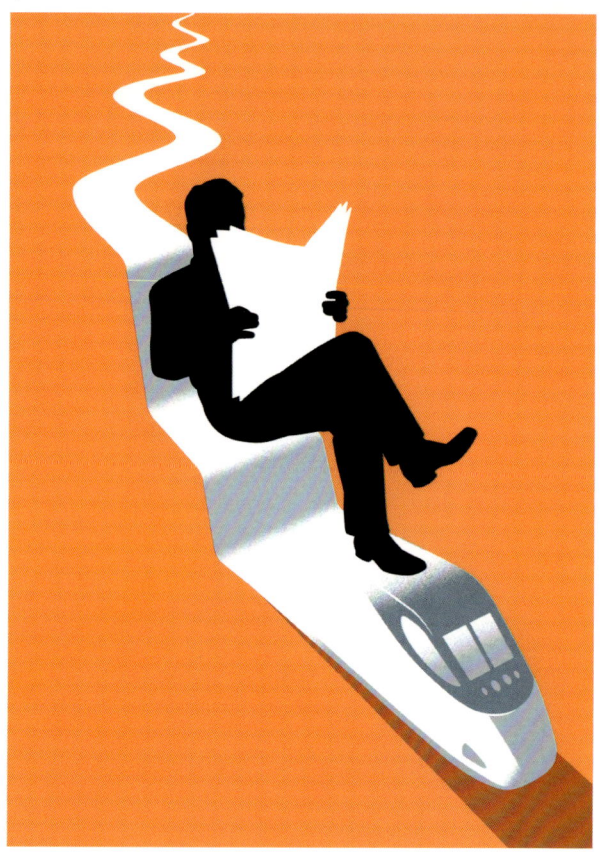

アセラ・エクスプレス
特急電車を視覚的な隠喩とし、電車の旅のさまざまな場面を描写した、一連の広告。どのイラストにも座席は描かれず（省略法）、乗客の寛いだ姿が、ソファのように座り心地の良い座席の換喩として描かれている。電車の旅の過ごしやすさと楽しさを生き生きと想像させるイラストだ。
イラストレーション：クリストフ・ニーマン、アートディレクター：ミーガン・マカチョン、代理店：アーノルド・ワールドワイド社、クライアント：アムトラック社

誰もいない国（No Man's Land）
座る人のいない椅子が、2人の主人公の代役を務める（換喩）。椅子のデザイン様式の対比は、2人の主人公の気持ちの対比を暗示する（擬人法）。このポスターは、ルーバ・ルコーヴァが指導するワークショップで制作された習作である。
デザイン：アン・リウ

アイデアの出し方

ワン・ワールド（世界は１つ）を表現するフラッグ
89ページの3作品は、「アドバスターズ（Adbusters）」誌が主催したデザイン・コンペの応募作品。「ワン・ワールド」という概念を表現するフラッグを制作する、というのがコンペの課題だった。

アイコン、インデックス、シンボル

記号論（または記号学）は、記号の働きを論じる学問だ。20世紀初頭に考案された記号論は、元々は言語学者、人類学者、文化評論家らが研究成果を分析するためのツールだったが、ほどなく文学や芸術の分野に広まり、実用主義、構造主義、ポスト構造主義といった多様な思想運動の盛り上がりを後押ししてきた。

　デザインに記号論を利用すると、既存の記号やメッセージを分析することができるだけでなく、自らデザインする形の中にさまざまな意味を込めることができる。記号には、抽象的な表現から具体的でわかりやすい表現まで、基本的な3つの表現形態（カテゴリー）があるので、たとえばロゴや一揃いのアイコンを制作するときに、それらの目的に沿った適切なカテゴリーを選ぶとデザインしやすい。

　アメリカの哲学者、チャールズ・S・パース（Charles S. Peirce）とその弟子、チャールズ・モリス（Charles Morris）は、記号の基本的な3つのカテゴリーをアイコン、インデックス、シンボルと呼んだ。アイコン（たとえば木の絵）は、指し示す対象の姿形を物理的に模倣する記号だ。インデックスは、指示対象（物体や出来事）の存在を示唆する記号、または指示対象が残した形跡や直接的なしるしを提示する記号であり、たとえば木の影や、木から地面に落ちた実や種は、木のインデックスとなる。インデックスはまた、物理的な動きや連続したプロセスの信号であることも多い。たとえば煙は火のインデックス、熱やせきなどの症状は病気のインデックス、矢は狙うべき方向のインデックスだ。3つめのカテゴリーであるシンボルは抽象表現（たとえば「木」という文字）であり、その形は指示対象の外観には似ていない。

　1つの視覚記号が、2つ以上のカテゴリーの性質を併せ持つことも多い。たとえば、服を着た女性を描いたバスルームの記号は、人間の外観を描写している点ではアイコンだが、その場所が化粧室であることを示唆している点ではインデックスになる。

文：スピサ・ワタナサンサニー

記号論は19世紀末、チャールズ・S・パースにより創始された。詳しくは、ジャスタス・ブフラー編『Philosophical Writings of Peirce』（ニューヨーク、ドーヴァー社、1955年）を参照のこと。記号論をビジュアル・デザインに応用する方法については、以下の文献に詳しい。ショーン・ホール 著『This Means This, This Means That: A User's Guide to Semiotics』（ロンドン、ローレンス・キング社、2007年）。

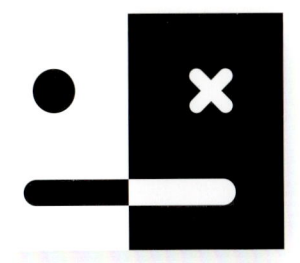

ワン・ワールドのアイコン
テーマを絵柄で表現した解決策。縦に二分された顔は、すべての人が必ず経験する生と死を表している。顔全体は、人として認識できるアイコンだが、死（閉じられた目）を×で象徴している点はシンボルに近い。
デザイン：ジャスティン・クロップ

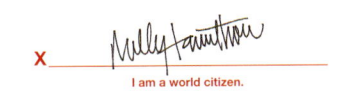

ワン・ワールドのインデックス
完成され、それ以上変化することのない作品と違い、これは未完成で、自由に手を加えることのできるデザイン。誰もがそれぞれ自分なりのやり方で空欄を埋め、完成させることができる。×印と下線は、署名するべき場所を示したインデックスであり、見る者に対し、アクションを起こすきっかけを与えている。
デザイン：モリー・ホーソーン

ワン・ワールドのシンボル
数字の1（抽象的なシンボル）と、それを囲む円（幾何図形）によって、世界が1つであることを表現した作品。ただしこの円は純粋な抽象図形ではなく、1つのアイコンとして地球を表してもいる。
デザイン：アーロン・ウォルサー

アイコン
イヌの全身や顔を描写してイヌを表す。

インデックス
イヌの吠え声や首輪の鈴の音などで、生きたイヌの存在をほのめかす。

シンボル
「dog（イヌ）」という単語は、イヌらしい外観や音を持たない抽象概念である。

記号の3大要素

01　アイコン
アイコンとは、形、色、音、テクスチャ、その他のグラフィック要素を使い、絵柄と概念を認識可能なかたちで関連付けた記号のことだ。アイコンと指示対象とのつながりはごく自然であるように見えるが、その表現は多かれ少なかれ、文化的な慣習に依存している。

02　インデックス
インデックスは、指示対象そのものを抽象的または具体的に描写せず、指示対象の存在を示唆する。イヌがかじる骨、イヌ用の皿、イヌ小屋などは、イヌに代わってイヌを表現することのできる馴染み深いアイテムだ。記号デザインにおけるもっとも魅力的な解決策は、インデックスである場合が多い。

03　シンボル
シンボルは抽象表現であり、もっとも広く使われているシンボルは言葉だ。また、アルファベットは言葉の音を表現するために考案された、もう1つのシンボルだと言える。「d」、「o」、「g」などの文字と、それらが指し示す音との関係を決定するのは、つねに文字である。

アイデアの出し方

ケーススタディ
タイの仏教徒向けハーブ製品メーカー

ブッディスト-タイ・ハーブス社（Buddhist-Thai Herbs）は、「タイ王室御用達」の印章を持つ企業だ。キャドソン・ドゥマク社（Cadson Demak Co., Ltd.）のデザイナー、スピサ・ワタナサンサニー（Supisa Wattanasansanee）は同社のロゴに、タイで広く愛され、仏教との結び付きも深い蓮の花を使うことにした。彼女が描いたスケッチと習作を見ると、蓮の花を装飾的に図案化したもの（シンボル）と、写実的に描写したもの（アイコン）があることがわかる。最終案は、複数のコンセプトを同時に具現したデザインとなっており、記号のカテゴリーという観点から見ても、複数の性質を併せ持つ。第一印象では、蓮の花がそのまま描写されているように見えるので、これはアイコンだ。しかしよく見ると、地（白抜き）の部分の形状は木と葉を模している（アイコン兼インデックス）。また、図の形状は瞑想する人の姿にも似ており、アイコンとして2つめの役割を果たしつつ、同時に仏教のシンボルにもなっている。コンパクトでシンプルなデザインの中に、数多くの意味が階層状に重なった記号だ。

仏教のモチーフの画像 © Fred de Noyelle/Godong/Corbis.
蓮の画像 © Paulo Ferreira/istockphoto.

アイデアの出し方 91

コラボレーション

コラボレーション型のデザイン・プロジェクトが大失敗に終わるのを見たことはあるだろうか（30階から毒矢のじゅうたんに落下するくらいの失敗だ）？　デザイナーの個性は、時としてチームワークの妨げになる。しかし有効に機能すれば、コラボレーションによってそれぞれのデザイナーの個性が力任せに押し潰されることはなく、そこには新しい何かが生まれる。生産性の高いチームでは、メンバー全員が作業を分担し、それぞれが有用な意見やスキルをグループに提供するが、彼らは皆、最終的にはすべてが1つにまとまり大きな作品に結実することを目指している。「2つの頭脳は1つに勝る（＝三人寄れば文殊の知恵）」ということわざは、1つの頭蓋骨に2つの頭脳を押し込むという意味ではない。ネットワークとは、1つの筐体に10個のハードドライブを投入することではなく、それぞれが個別に働く10個のパーツが作業を分担しながら互いに連携し合うことだ。

　　共同作業には、遊びの要素が混ざり込むことも多い。ユーモアと知性と実験的精神は、人々を魅了するアイデアを生み出すための切り札だ。もっとも優れたアイデアが、会話から発展することもある。クライアントと十分に話し合うことを自画自賛するデザイナーは多いが、デザイナー同士の良好なコミュニケーションも忘れてはならない。望ましいコラボレーションは、友達と集まり、全員でレゴ・ブロックを組み立てて大きな飛行機を作るのに似ている。その完成品は、誰も予想しなかったような素晴らしい出来栄えになるはずだ。

文：ライアン・シェリー、ウェスリー・スタッキー

「人々が共に働く空間は、
　衝突、摩擦、口論、活気、
　喜び、そして果てなく広がる
　創造の可能性で
　埋め尽くされる。」

ブルース・マウ

「リインヴェント（Reinvent＝再創出）」と名付けられた壁画
パブリックスペース用の壁画を構成する数多くのアイコン。複数のデザイナーによる共同作品だ。デザイン：ローレン・P・アダムス、クリスティーナ・ビアード、クリス・マッキャンベル、キュレーター：キャシー・バード、メリーランド・アート・プレイス（Maryland Art Place）館長

コラボレーションの進め方

01　1つの場所に集まる
同じテーブルを囲んで作業をすると、意見交換をしながらアイデアを発展させていくことができる。スカイプやiChat（アイチャット）では、集まっていることにならない。

02　よく聞き、よく話す
あなたと同じ経験や来歴を持つ人は、他に誰もいない。チームの一員であるあなたに求められるのは、自分なりの意見やスキルをプロジェクトに提供し、そのチームにしか作れない作品を完成させるために皆と協力し合うことだ。聞いては話し、与えては受け取る。それを繰り返すことでコラボレーションは成立する。ある程度の意見の食い違いはどんなプロジェクトにもつきものなので、協調することも学ぼう。

03　リーダーを決める
リーダーは、正式に指名する場合とそうでない場合がある。企業系のプロジェクトでは大抵、各グループ内に正式にリーダーを立てるが、実践型のデザイナー集団や学生同士のコラボレーションでは、状況に応じて誰かが自然にリーダーシップを発揮すれば良いケースも多い。リーダーの役割は、職務の分担を決め、チームの代表として動き、作業が行き詰まったときには率先して対策を立てるなど、プロジェクトが軌道を外れないよう力を注ぐことにある。大規模なチームでは複数の人がリーダーを務めても良いし、2〜3人のグループなら全員リーダーとなっても良い。

04　プレイヤーとして参加する
より良いパフォーマンスを目指すこと。誰がどんなアイデアを出したかに関わらず、すべてのメンバーが、プロジェクト全体の成功を目標としなければならない。スポーツの試合と同じで、プレイヤー同士の小さな衝突や競争は、むしろ現場を活気付けたりもするが、自分のやり方に固執し過ぎてはいけない。自分のことだけを1人でやろうとせず、チーム全体がより望ましい成果を達成するためにはどうすれば良いかを考えよう。

アイデアの出し方　93

ケーススタディ
通路の壁画、
「リインヴェント (Reinvent＝再創出)」

ボルチモアのダウンタウンにある展示スペース、メリーランド・アート・プレイス (MAP) には、表通りとギャラリーを結ぶ長いエントランスホールがある。その通路に彩りを添えたいとの意向から計画されたのが、この壁画制作プロジェクトだ。リインヴェント (Reinvent) と名付けられた壁画は、モーフィングのように変化していく一続きのグラフィックで構成されており、動きやコミュニケーションといったテーマを表現しながら、通路を歩く来館者に創造のプロセスを体験させる。このプロジェクトは、規模の大きさからコラボレーションが必要であり、デザイナーの、クリスティーナ・ビアード (Christina Beard)、ローレン・P・アダムス (Lauren P. Adams)、クリス・マッキャンベル (Chris McCampbell) らが、デザインから制作に至る各種の作業を分担しながら共同でアイデアを出し、完成させた。途中でちょっとした障害に突き当たりながらも、彼らのコラボレーションは、単独では達成し得ない成果を挙げた。

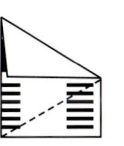

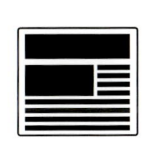

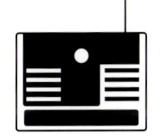

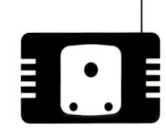

次々に変わっていくアイコン

デザイン・チームは、1つのものが別の何かに姿を変えていくアイデア（飛行機→紙飛行機→新聞紙など）を何十通りか考え出し、それらをうまく並べ替えて、1つに繋ぎ合わせた。全長は75フィート（約23m）の壁の端から端まで続く壁画には、50以上のアイコンが連なる。プロジェクト開始当初、デザイナーたちはアイコンをどのような方法で描画するかについて、意見が割れていた。写真、平面イラスト、3Dインスタレーションなど、いろいろな描画スタイルが検討されたが、結局それらをすべて組み合わせるということで問題は解決した。

作業の分担

アイコンのデザインは全員で分担したが、統一性を持たせるため、ガイドラインを用意した。壁画と建物の内部構造を一体化するため、壁面から出っ張った四角い柱の側面にはタイポグラフィをあしらい、火災報知機などの設備機器類はグラフィックの一部に取り入れた。変化していく一連のアイコンの最後には、3Dの回路基板からデータがあふれ出すイメージを配置し、1つのアイデアがどれだけ大きく成長し発展し得るかを表現した。

コ・クリエーション (共創)

コ・クリエーション (共創またはコ・デザイン) とは、デザインの分野における研究開発技法の一種であり、製品、プラットフォーム (各種のビジネスやシステムやネットワークを展開するための共通基盤)、出版物、環境などをデザインするときに、エンドユーザーに参加してもらうアプローチのことだ。ユーザーがそれぞれの得意分野で優れた専門性を発揮することは、デザイナーたちもすでに理解している。したがって今は多くのデザイナーが、プロジェクトの成果を全面的にコントロールすることではなく、1つのプロセスを提案し、そこにユーザーを積極的に誘い込むことを自らの役割と捉えている。コ・クリエーションを成立させるのは、もの作りを楽しもうとするデザイン文化の成長と、既存の製品の新しい使い方を工夫する主体的な消費者だ。

インタビュー (26ページ参照) やフォーカスグループ (30ページ参照) は一般に、プロジェクトの課題を見極めるため、あるいはその成果を評価するための手法だが、コ・クリエーションは、ユーザーや見込み客を創造のプロセスに招き入れ何かを創り出すための手法だ。コ・クリエーションは、形ある物体やWebサイトなど、完成された作品の物質的な有用性に注目するのではなく、ユーザー・エクスペリエンス (ユーザーの経験) をデザインの最終的な成果と位置付け、経験の中に、製品やサービスの価値を見いだそうとする。適切なツールさえあれば、デザインの専門家以外の人々が、自身のニーズや要望を満たすための経験を形作ることができる。

では、コ・クリエーションはどうすれば実践できるか？ コ・クリエーションのパイオニアであるエリザベス・B.-N・サンダース (Elizabeth B.-N. Sanders) が開発した方法論によれば、デザイン・チームは見込みユーザーのグループに対し、適切な素材や道具を一式提供して、彼ら自身が問題解決のアイデアを構想するよう促す。車、電話、ソフトウェア・サービス、病院の設備など、テーマはさまざまだが、コ・クリエーションではいずれの場合も、絵や図を使って表現してもらうことが多い。典型的なコ・クリエーション用キットの内容は、必要事項が印刷された用紙と、描画や工作用の道具類であり、たとえば一般的な絵柄のイメージ素材、切り紙の材料、写真、デッサン用具、マップやコラージュの素材などが含まれる。また、これらのキットには自由回答式の質問 (あなたの学校は将来どんな風になっていると思いますか？ など) が添えられることが多い。そのようにしてユーザーの心からの願いを引き出し、新たな考えや着想を探るのが、ここでのデザイナーの役割だ。

文：エレン・ラプトン

コ・クリエーションに関する詳細は、以下の文献を参照のこと。エリザベス・B.-N・サンダース著「Postdesign and Participatory Culture」(1999年) および「Generative Tools for Co-Designing」(2000年)。http://www.markettools.com/papers-3.html。2010年7月28日付け。

「新しいルールには新しいツールが必要です。人々は自分自身を表現し、創造のプロセスに自ら直接参加したいと望んでいます。」

エリザベス・B.-N・サンダース

ノキア・オープン・スタジオ

技術開発面では、携帯電話の通信技術を利用する方法が、デスクトップパソコンやノートパソコン、または固定電話を利用する方法を追い越しつつある。ノキア社（Nokia）のデザイナーたちは、「夢の通信装置」をテーマとするコ・クリエーションを企画し、ブラジル、ガーナ、インドの非公式の居留地で暮らす人々に参加を依頼した。参加者は総勢220人に上ったが、上図はその中の1人で、ブラジルのリオデジャネイロにあるジャカレジーニョというファヴェーラ（スラム街）に住むヒップホップダンス教師だ。彼女が考案した電話は、コミュニティで発生する暴力を減らせる。
ノキア社のデザイン・チーム：ヨンヒ・ジョン、ジャン・チップチェイス、インドリ・トゥルスン、フミコ・イチカワ、ティエル・アッター

コ・クリエーションの行い方

01 協力を依頼するべき対象者を特定する

子供向けの商品を開発するなら、対象となるのは子供、教師、親だし、病気や怪我の治療プログラムを計画するなら、患者や看護師だ。場合によっては、平均的なユーザーだけでなくエクストリームユーザー（極端なユーザー）の参加が推奨されることもある。エクストリームユーザーと考えられるのは、たとえば障害者（商品の使いづらさを経験している人）や、その道のエキスパート（熱心なファン、コレクター、修理技能者）などだ。

02 質問を決める

参加者に提示する質問は、具体的で、なおかつ自由回答式でなければならない。解決策をあらかじめ想定するのは厳禁だ。より使いやすい卓上型クッキング・ミキサーをデザインしてほしい、という言い方ではなく、理想のキッチンを思い描いてほしい、という言い方をしよう。

03 コ・クリエーション用のキットを用意する

参加者の表現スキルはそれぞれ大きく異なるはずなので、誰もが積極的かつ自由に課題に取り組めるよう、簡単で使いやすい道具類を用意する。コ・クリエーション用のキットには、書き込み可能なステッカーやプリント済みのステッカーをたくさん揃えておくと、何かと役立つかもしれない。また、キーワードや質問を添えて参加者の発想を促すのも一案だ。実際の創作プロセスへの取り組みは、個人単位、グループ単位のどちらでも良い。

04 話を聞き、意味を読み取る

参加者の取り組み方をよく観察し、できあがった作品を検証する。絵の上手さを問うことだけはやめよう。彼らの願い、要求、不安を読み取り、彼らに学ぶ姿勢を忘れてはいけない。

ケーススタディ
自己肯定感を高める経験

コ・クリエーションの優れた点の1つは、何かを創り上げる経験そのものにある。デザイナー、ジゼル・ルイス-アーチボールド (Giselle Lewis-Archibald) は、ボルチモアの居住施設、グッド・シェパード・センター (Good Shepherd Center) で暮らす少女たちを対象に、シリーズものワークショップを計画した。同施設で暮らすのは、感情障害や問題行動が認められる少女たちだ。デザイナーはこのプロジェクト専用のワークブックを作成し、少女たちが影響を受けた人や物事、あるいは自らの理想や将来への展望を表現するよう促した。一連の課題の中には、好きな言葉をフィーチャーしたステッカーを作成する、あるいは自分の手を紙に描き写してセルフポートレートを完成させるなどのテーマがあった。完成作品は言わば、少女たち自身の簡単なジン（同人誌）であり、結果的に少女たちは、自分自身をありのままに発信する経験を得た。

デザイン：ケイト

デザイン：ジゼル・ルイス-アーチボールド

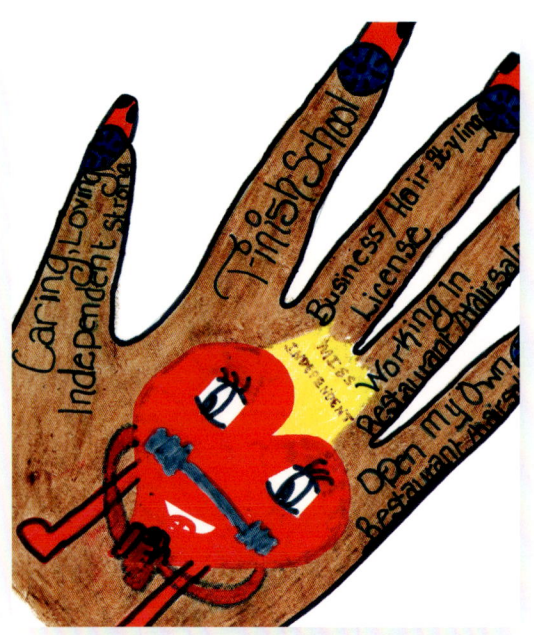

デザイン：シエラ

ケーススタディ
グラフィミ（Graffimi）

インターネットでユーザーがコンテンツを生成するプログラムも、コ・クリエーションの1つだ。グラフィミ（Graffimi）というオンラインのプラットフォームでは、ユーザーが仮想のスプレーペイント、絵筆、ステンシルなどを使ってグラフィティを制作することができる。リアルタイムで情報が更新されるウォール（掲示板）が公共のカンヴァスとして提供されていて、ユーザーはそこに完成作品を投稿する仕組みだ。レンガ造りのこのウォールはWebサイトの背景になっており、ユーザーからの投稿で一杯になると、どんどん拡張していく。デザイナー、バリス・シニクサラン（Baris Siniksaran）が制作したこのサイトは、言わばデジタル版の舞台であり、ユーザーがコンテンツを提供すると、そこに生命が吹き込まれる。

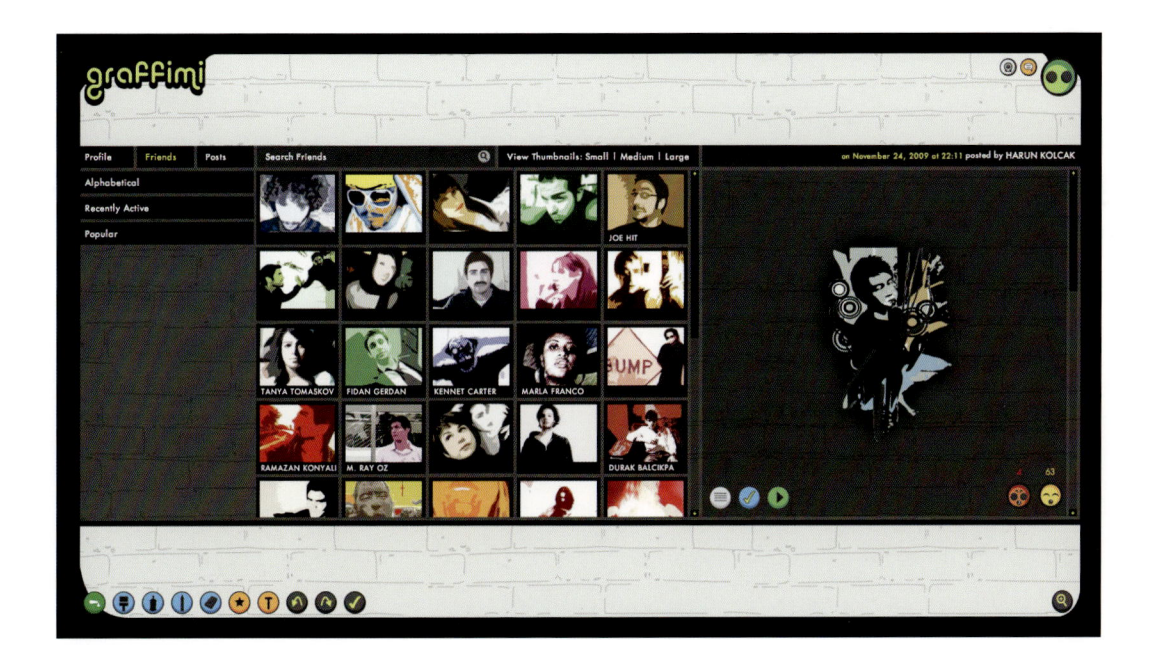

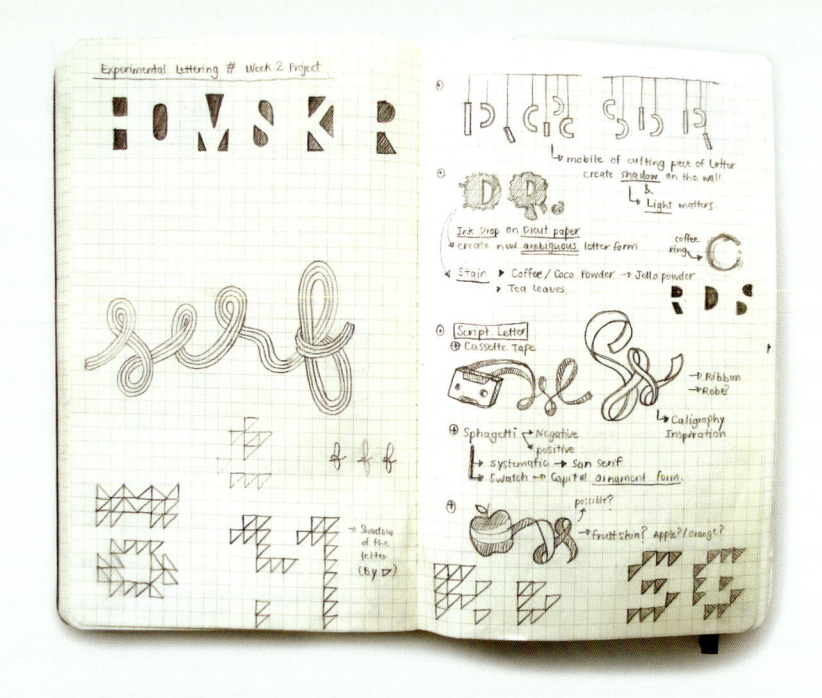

スケッチ：スピサ・ワタナサンサニー

ビジュアル・ダイアリー

永遠に終わらないかのような長くて辛いプロジェクトを乗り切るには、良い方法が1つだけある。定例業務から離れる時間を設け、ちょっとしたお気に入りをデザインするのだ。毎日新しい何かを制作する試みは、新鮮な果物や野菜を摂ることが体に良いのと同じで、創作意欲を生き生きと保ってくれる。本業のデザイン・プロジェクトで、修正や改案を繰り返して同じような作業をだらだら続けると、対応に行き詰まり、目的を見失いがちだ。そんなときに、素朴なスイーツを頬張るように、好きなものを力まずにデザインしてみると、八方塞がりの状況から抜け出せることがある。心が弾むような何かを日々創作し続ければ、小さくてシンプルなアイデアがライブラリに蓄えられて、後々、大きなプロジェクトに活かせる可能性もある。愛すべき何かを創り出すときに味わうのは、疲れではなく達成感だ。いたずら書きのような小さな気晴らしは心を潤してくれるし、スケッチだらけのノートブックはグラフィック・デザインへのワクワク感を思い出させてくれる。

文：クリストファー・クラーク

毎日続けよう。

1ヶ月分のタイポグラフィ
このデザイナーは1ヶ月間、毎日新しいタイポグラフィ作品を1つずつ制作した。目と心に効くワークアウトだ。
デザイン：クリストファー・クラーク

ビジュアル・ダイアリーの始め方

01 ルールを決める
どの程度の頻度で制作するか、紙のダイアリーにするかデジタル版にするか、テーマを決めるか決めないかなど、いくつかの条件を自問し、ルールを決めよう。新しいメディアや、棚上げにしておいたアイデアにも取り組むと良い。

02 決めた通りにやる
大きなプロジェクトがあると、たいていスケジュールは埋まってしまうものだが、毎日少しだけ、それ以外の創作のために時間を割き、自分を開放しよう。たとえ15分でも自由に創作する時間があると、1ヶ月分の精神的疲労が解消されたりする。

03 連作する
気に入った素材や技法があれば、次の日も、その次の日も、それを試すと良い。毎回、前作の試みを踏まえながら新しい展開を探っていこう。そうした小さな努力の積み重ねが、大きなプロジェクトへと育っていく。

04 公開する
ブログを開設する、フリッカー（画像投稿サイト）のアカウントを作成する、個展を開く、友人や同僚を誘ってグループ展を開くなど、方法はいろいろある。見てくれる人がいることの大切さを実感してほしい（もちろん、すべての作品を見てもらう必要はない）。

05 続ける
たくさん創り続けるほど、その努力の価値は増し、グラフィックの宝箱が膨らんでいく。そのような財産があれば、本当に困難な問題に直面して混乱しても、何とか切り抜けることができる。

06 良いアイデアを収穫する
大きなプロジェクトに取り組むときが来たら、ダイアリーに目を通してみよう。有用な解決策や価値あるアイデアが見つかるかもしれない。

アイデアの出し方

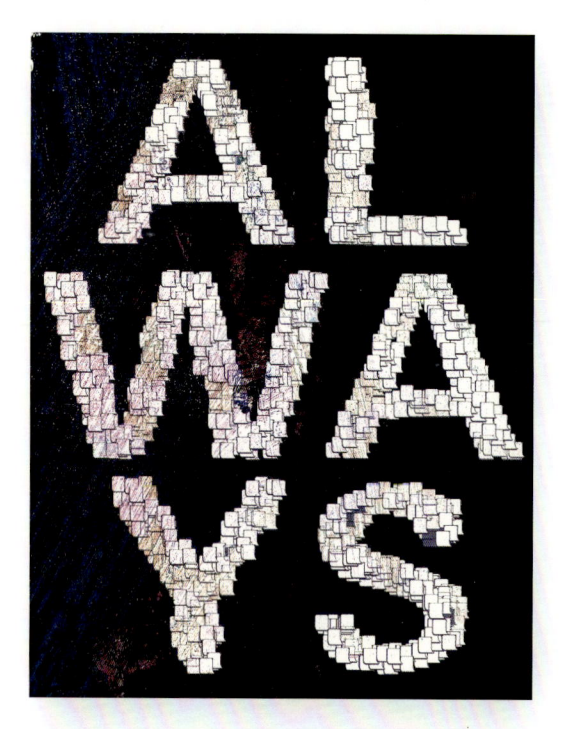

日々の積み重ね

たとえばダイアリーで、毎日違う書体を使い作品を作れば、自ずと多種多様な表現スタイルや画材を試すことになる。デザイナー、クリストファー・クラークは、作品を誰かに見てもらいたいと考え、ブログを開設した。それにより、彼が作品を届ける相手は、架空の人物ではなく実在の人物となった。これらの作品はいずれも、彼がふと頭に浮かんだ言葉をノートに記すか携帯電話に保存しておき、その文字をデザイン化した習作だ。

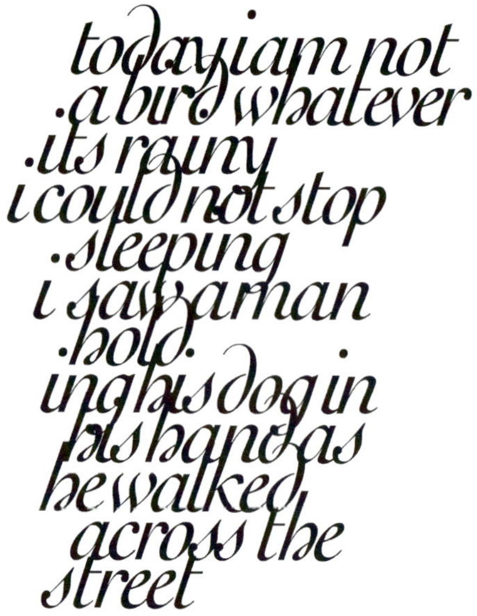

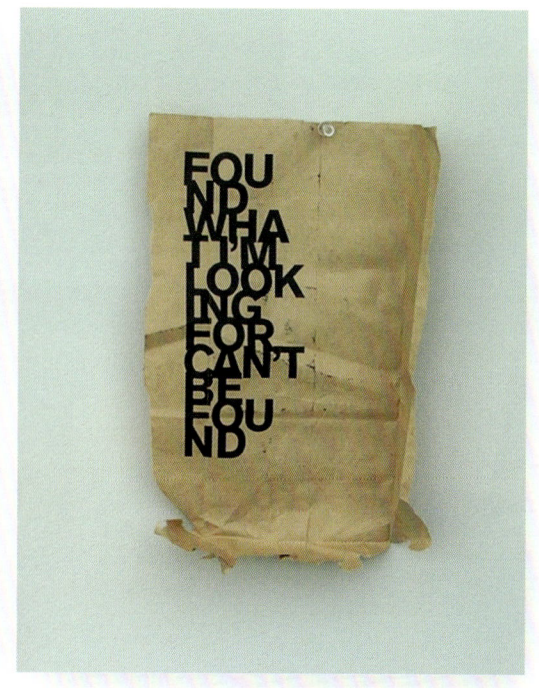

Values Change

複数言語での表現

ブランド・デザインでは、複数の言語でメッセージを伝えなければならないことがある。しかし、言外のニュアンスや、いくつもの意味を含む言葉は、別の言語に置き換えにくく、異文化間のネーミングやブランディングは簡単ではない。トゥールミックス社（Toormix）は、スペイン語、カタロニア語、英語の3バージョンを必要とするブランディングやデザイン・プロジェクトを数多く手掛けている。同社のデザイナーたちは言語の違いに対応するため、作品で使う言葉について、入念なリサーチとテストを繰り返しており、この種のリサーチを行わずに済むプロジェクトはほとんどないという。あらゆるビジュアル・デザインを成功させるためには、企業名やキャンペーンのスローガンに用いる言葉を的確に選択することが大事だが、異文化間の対象客にメッセージを伝えるなら尚更だ。トゥールミックス社は、方言や俗語を避け、文化的背景によって意味合いが大きく変わるような言い回しを控える方法で、この問題に対処している。そのような言葉は、翻訳するとニュアンスが損なわれるからだ。

「1つのコンセプトを3種類の言語で表現するときに難しいのは、フレーズのつなげ方です。」

フェラン・ミトジャンス

ラウス（Laus）08：FAD（Foment de les Arts i el Disseny）
スペインのラウスで開催されたデザイン・フェスティバルの中のイベント、グラフィック・プライド・デイ（Graphic Pride Day）の広告。
デザイン：フェラン・ミトジャンス、オリオール・アルメンゴウ、トゥールミックス社

複数言語での表現方法

01 プロジェクトの対象地域と使うべき言語を特定する
メッセージの受け手は、同一地域に住みながら異なる言語を使う人々なのか、または別々の国で暮らす人々なのか？ デザイン・フェスティバル、ラウス（Laus）08のポスターでトゥールミックス社が使用した言語は、スペイン語、カタロニア語、英語の3ヶ国語だった。

02 もっとも使い慣れた言語で制作を開始する
英語が母国語なら、まず英語でデザインする。スラングや、一部地域でしか通用しない言い回しや、韻を踏む表現は、うまく訳せないので使わない。

03 よく調べて翻訳する
まずは辞書を使うが、最後は必ずネイティブ・スピーカーにチェックしてもらうこと。

04 可能であれば、異言語間で共有できる言葉やシンボルマークを使う
上図のポスターでは、「disseny」、「deseño」、「design」の3語は語根が共通しており、意味も同じだ。また、ラウスという地名と2008という開催年は翻訳の必要がない共通要素なので、トゥールミックス社はこれをうまく利用した。

アイデアの出し方

ケーススタディ
ダラー・ストア・ミュージアム
(Dollar Store Museum)

トゥールミックス社がMICAで開いたワークショップの中で、デザイナーたちは低価格の日用品を集めた（架空の）博物館、「ダラー・ストア・ミュージアム (Dollar Store Museum) ＝1ドル・ショップ博物館」のために、基本的なブランディング・コンセプトとロゴタイプとキャッチフレーズを制作するよう言い渡された。これらは英語でデザインするが、スペイン語に翻訳しても通用するものでなければならない。それぞれのデザイン案の評価には、トゥールミックス社のデザイン・チームも加わった。

more/less
「more or less」という言葉は、スペイン語に簡単に翻訳できる (más y menos)。99¢というシンボルは、翻訳の必要がない。
デザイン：アン・リウ、スピサ・ワタナサンサニー

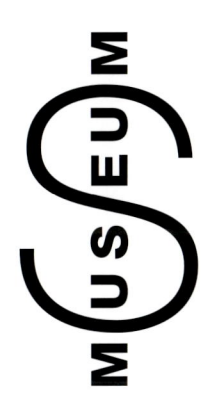

$ MUSEUM
ドル記号はヨーロッパの通貨単位に翻訳する必要がない。だが、「US」と「EU」の間を「S」で分割するという気の効いたアイデアは、スペイン語ではうまくいかない。
デザイン：ライアン・シェリー

Cheap Sh*t
英語の「cheap shit（安物）」も下品な表現だが、スペイン語の「mierda barata」はもっと響きが悪い。罵る言葉は、翻訳したときに問題が起きやすい。
デザイン：ウェズリー・スタッキー

Cheapo
安物を意味するスラングを英語で考案し、リストアップした作品。英語圏では通用する面白い試みだが、スペイン語にはうまく訳せない。
デザイン：エリザベス・アン・ハーマン

MU$EUM
「museum」および「museo」という単語の中に、ドルのマークとユーロのマークを上手く組み込んだ作品。バイリンガルで通文化的な、優れたデザイン案だ。
デザイン：ライアン・シェリー

ケルン (cairn)
このプレゼンテーション資料で提案されているケルンは、ユーザーが地図に建物や場所の情報を追記し、自分専用の地図を作ることができるアプリだ。簡単な一連のスライド画像を見れば、ユーザー・エクスペリエンスの基本的な設計がわかる。この習作は、MICAで開かれたデニス・ゴンザレス・クリスプ (Denise Gonzales Crisp) のワークショップで制作された。
デザイン：ジェニー・クットナウ

コンセプトのプレゼンテーション

映画制作者、アニメーター、マンガ家、作家などは、物語のプロットを組み立てるときにストーリーボードを使う。プレゼンテーション用のソフトウェアは、ストーリーボードのようにスクリーンに情報を連続表示できるので、グラフィック・デザイナーがコンセプトの立案やプレゼンテーションに利用するのにぴったりだ。この種のソフトウェアは、思考ツールとしても表現ツールとしても役立つ。Webデザイン、商品企画、携帯アプリのデザイン、ブランディング・キャンペーンといった情報量の多い複雑なプロジェクトでは、複数のページを使って情報を順序良く整理することができ、考案中のコンセプトのテストや、説明も簡単だ。このようなプレゼンテーション資料には文字だけでなく画像が含まれるのが普通だが、デジタル・スライドなら、会議中にプロジェクターでスクリーンに表示しても、紙に印刷しても、ネットで配布しても良い。競合プレゼンに参加し、資料を提出する場合も、スライド形式なら、アイデアをすっきり整理して手際良く説明することができる。プレゼンテーション用ソフトウェアは、複雑なコンセプトを簡潔かつ具体的に提示するための、貴重なツールだ。
文：エレン・ラプトン

プレゼンテーション資料の詳しい作成方法については、次の文献を参照のこと。BJ・フォグ著『Conceptual Designs: The Fastest Way to Communicate and Share Your Ideas』、ブレンダ・ローレル編「Design Research: Methods and Perspectives」より（ケンブリッジMA、MITプレス社、2003年、201～211ページ）

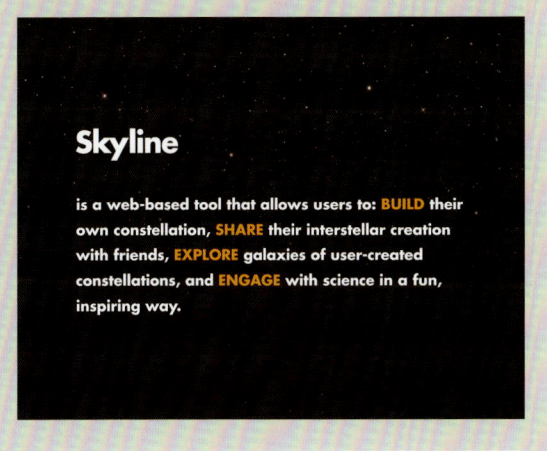

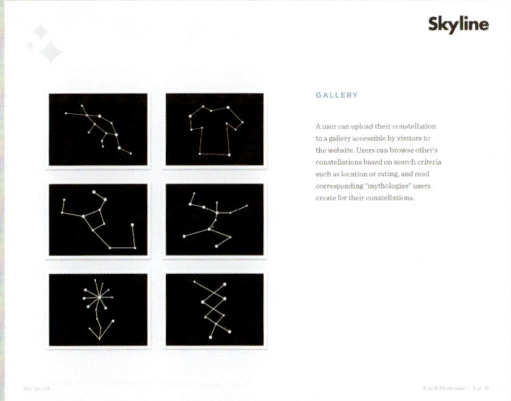

スカイライン（Skyline）
星座を自分で作るためのアプリケーション、スカイライン（Skyline）のプレゼンテーション資料。これを見れば、このアプリの基本的な仕様がわかる。
デザイン：エリック・モーテンセン

プレゼンテーション資料の作り方

01 フォーマットを選ぶ
扱いやすいのはPowerpoint、Keynote、Adobe PDFなどだ。eメールやネットでやり取りできるし、プリントアウトも可能だし、プロジェクターでスクリーンに表示することもできる。

02 プロジェクトの概要を明らかにする
インターフェース・デザイナー、BJ・フォグが薦めるのは、簡単な書式（テンプレート）を用意して要点をまとめる方法だ。書式には、タイトル、プロジェクトの概略、課題、完成予想図、解決策、利点、欠点などの項目を設けると良い。

03 必要事項を記入する
上記の各項目に必要事項を記入していく方法なら、簡単にコンセプトの肉付けができる。資料のすべてのページにはヘッダを入れ、プロジェクト名と企業名またはチーム名を明記しておこう。広い視野で全体像を捉えながら、細部の計画を詰めていくことが大事だ。

04 簡潔にまとめる
画像は、細部を省略してシンプルに抑えたほうが良い場合がある。略図のほうが、完成品の外観ではなくコンセプトの骨子に注意を引き付けられるからだ。人々が製品を実際に使用している場面を見せたいときは、ストーリーボードや写真を使うと良い。文字情報は簡潔にわかりやすくまとめ、一貫性のある言葉遣いをすること。

ケーススタディ
オンライン・ニュース・サービス

双方向型のアプリケーションの企画を提案するときは、まず製品の特徴やユーザーとのインタラクションの仕組みをわかりやすく図解してから、完成見本を見せると良い。先に全体の仕組みを図解し、問題点と解決策を簡潔に提示しておいたほうが、コンセプトの利点をより明確に伝えることができる。

フューチャー・ジャーナリズム (Future Journalism)
オンラインのニュース配信サービスの企画案。このサービスの利用者は、多数の通信社のコンテンツにアクセスし、記事を講読することができる。購読料は、個々のサービスの利用状況に応じて各プロバイダに分配される。それぞれのユーザーが閲覧したページは追跡・記録されるが、これはユーザーにとっても興味深いデータとなる。
デザイン：モリー・ホーソーン

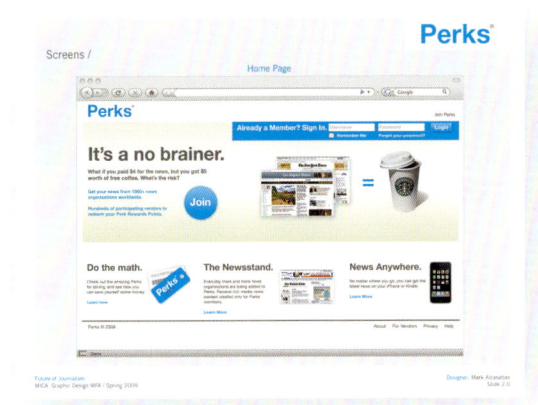

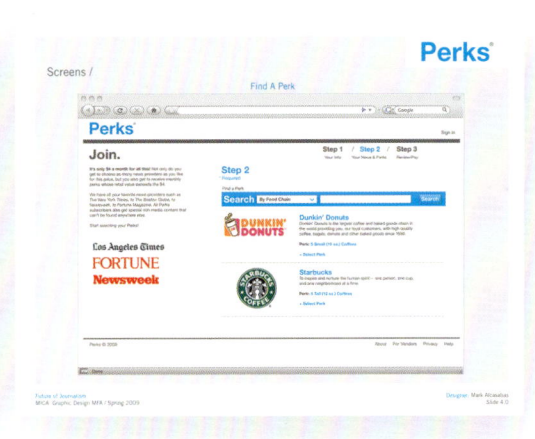

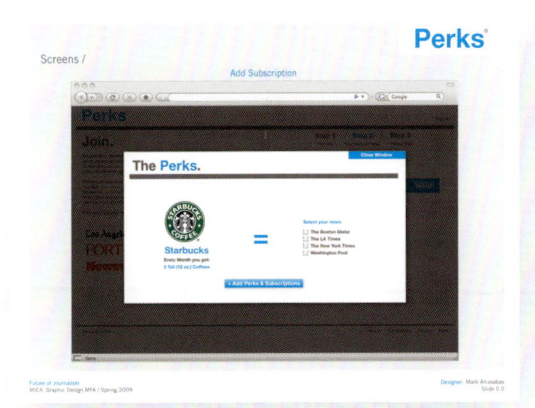

パークス（Perks）
各種のサービスを企画・開発するときは、どのようなメディアを通じてどんな状況で利用されるべきサービスかを具体的に提示しよう。このパークス（Perks）が提案するのは、ニュース会社が広告収入を発生させるための新しい手法だ。従来の方法では、閲覧数または表示回数（インプレッション）に応じて価格が設定されたが、今の広告主が本当に求めているのは、単にクリック数を増やすことではなく、より明確に計測できる反応をユーザーから受け取ることだ。このパークスは、閲覧者に対し、広告主が発行するクーポン券をプレゼントすることで、実用性のある直接的なインタラクションを実現する。プレゼンテーション資料には、サービス内容をユーザーに説明し、実際に利用してもらうまでの流れが順に示されている。
デザイン：マーク・アルカサバス

アイデアの出し方　111

03

「山積みの失敗作の中に、かすかな希望の光を見いだすことを学びなさい。」

マーティン・ヴェネスキー

形の作り方

あらゆる種類のリサーチや自由なアイデア出しの段階を経て、掘り下げるべきデザイン案は絞り込めてきた。アイデアがたっぷり出てくるのは素晴らしいことだが、最終選考まで残れる案はほんの一握りに過ぎない。もっとも有望な案を選び出したら、それをビジュアルで表現する番だ。アイデアは、形を獲得することで息づいていく。どうすれば構想が実現するか？ どうすればメッセージが伝わるか？ そのアイデアが意味するものは何か？ 答えを見つけるためには、アイデアの原点に立ち返らなければならないことも多い。

リサーチとアイデア出しの段階で、プロジェクトの方向性や目的や基本的な理念が明らかになり、有効な解決策を推し進めるべき道筋が見えてくるが、やはりデザインの成否を大きく左右するのは、アイデアを実際に形にして完成させる段階だ。これこそがデザインの醍醐味であり、また自身の力量が本当に試される場だと考えるデザイナーは多いだろう。課題を見極め、解決策を立てることのみを重視し、実際の制作は外部に発注する企業もあるが、デザイナー側は大抵、コンセプトを有形の物体や目に見える画像や実用的なシステムとして完成させる作業にこそ魅力を感じている。アイデアを実際に形にすることほどワクワクするものはない。

事実、デザインの真髄は形を創造することだとするデザイナーは少なくない。ビジュアルを生み出す作業は、必ずしもプロジェクトの最後まで待たなくても良い。標準的なデザイン・プロセスではアイデア出しからすべてがスタートするが、それより先に、さまざまな形状、色、表面仕上げ、素材を使って形を創造しても構わない。自由に創出した力強い形の切れ端から、優れたアイデアが見つかることもある。

コンセプトをうまく形にすることができないと、事前のリサーチや分析は無意味になってしまう。2人のデザイナーが1つの創造的なコンセプトを別々に扱えば、その解釈はまったく違うものになる。優れた思考テクニックは、プロジェクト開始当初のプランニング段階で役立つだけでなく、形を作る作業にも多くのヒントを与えてくれる。ブレインストーミングやマインドマップが、人々の意識を開放し、新たな発見や発明へと導いてくれるように、アイデアを形にするためのテクニックは、創作意欲を刺激し、枠組を取り払って、楽しさと喜びと輝きに満ちた作品を完成させてくれる。

スプリント法

形を作るときは、デザイン要素の位置を揃えるとか、余白を増やすとか、枠で囲むなどのありきたりな手法では行き詰ることがある。しかし、よりクリエイティブなアプローチを探そうとすると、今度は選択肢や可能性がありすぎて途方に暮れてしまう。そんなときは、考える時間を減らし、手を動かす時間を増やしてみよう。

　スプリント（短距離ダッシュ）法とは、普段の習慣やクセから抜け出すために、制限時間を設けて高速で形を創り出す手法だ。ここでは、新しいビジュアル案を1つ考案したら、すぐに別の案に移り、次々にビジュアルを形作っていかなければならない。短時間で集中的に、さまざまなビジュアルの方向性を探るのだ。1つの案に費やす時間が短ければ、気軽にリスクを負い、多彩なアプローチを試すことができる。扱いに気を使うこともないし、余計な思い入れを持たずに済むし、ボツにしても惜しくない。この手法を実践するときは、プロジェクトの目的に合わせてルールを決め、制限時間を30分と区切ること。会議や行事の予定を組むのと同じかたちでスケジュールを組もう。1日のうちに数回行うと良いが、間隔は十分に開けなければならない。短距離のダッシュは、1本でくたくたに疲れるはずだからだ。
文：クリッシー・クセナキス

「知恵の90％は、時間について
　賢くなることです。」

セオドア・ルーズヴェルト

手早く取捨選択
デザイン案はテーブルに広げ、友人や同僚に手伝ってもらいながら分類し選別しよう。
デザイン：クリッシー・クセナキス

スプリント法の行い方

01　ルールを決める
書体の選択肢を制限するとか、レイアウト用のツールを固定するなど、基本ルールを決める。何通りかのルールを用意し、1回ごとにルールを変えてみるのも一案だ。

02　ウォーミングアップ
準備運動として5分間、速い速度で読書をする（啓発本がお薦め）、または自由にスケッチをする（パソコンは使わない）。この5分間は、スプリントの30分には含めない。

03　スタートを切る
スプリントを開始する。1日のうちに数回行うなら、頭がパンクしないよう、それぞれ十分に間隔を開けると良い。スピードを緩めないことと、楽しむことが大事だ。

04　判定
まとまった数の作品ができたら、サイズを縮小してプリントアウトし、カードを並べる要領でテーブルに広げる。数多くの作品を一目で見渡せると、分類や比較や不要な案の選別がしやすい。短距離ダッシュは少なくとも4回行い、十分な数の習作の中から最終案を選ぼう。

形の作り方

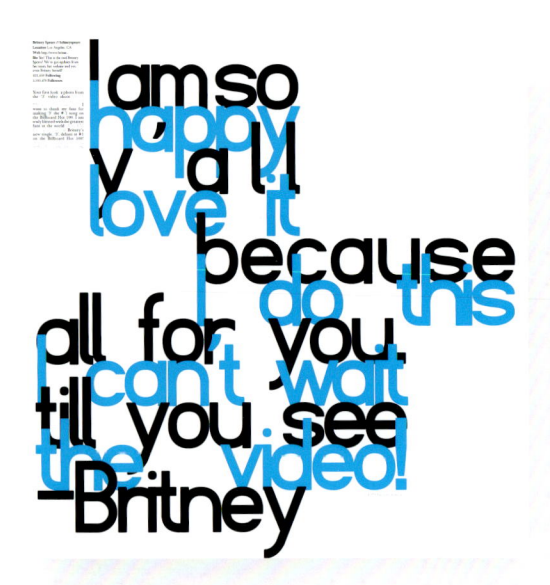

I AM SO
Y'ALL LOVE IT
BECAUSE I DO THIS
ALL FOR YOU. I
CAN'T WAIT TILL
YOU SEE THE VIDEO!
-BRITNEY

ツイッターのタイポグラフィ版（上図）
2009年10月13〜15日につぶやかれたツイートのフォロー数トップ5を素材にしたポスター。思い付くままに手早く多様なタイポグラフィを試すため、デザイナーは30分のスプリントを数回行い、100通りの案を制作した。ポスターとして印刷し展示したのは、そのうち25作品だ。
デザイン：クリッシー・クセナキス

宇宙の本のブックデザイン（右ページ）
ブックデザインのプロジェクトに向けて、スプリント法により試作されたタイポグラフィ案。試作のルールは、中央揃えのグリッドを使うこと、色使いをモノクロにすること、書体をHTFホイットニーとボドニに限定することだ。テキストは、カール・セーガン著『コスモス（Cosmos）』（木村繁訳、朝日新聞社、1980年）。デザイナーが制作したタイポグラフィ案は全部で12通りあった。
デザイン：クリスティーナ・ビアード

WHAT WE DO WITH OUR WORLD,
NUMBERLESS MOMENTS,

HERE WE FACE A CRITICAL BRANCH IN HISTORY,
AND PERHAPS OUR SPECIES AS WELL.

AN
- CARL SAGAN

IMMENSITY OF

SPACE

AND TIME.

> "an immensity of space
> countless worlds,
> is well within our power to destroy our civilization
> what we do with our world,
> here we face a critical branch in history,
> and perhaps our species as well.
> numberless moments,
> and time.
> - carl sagan"

OF TIME AND AN IMMENSITY AT THIS MOMENT

S

COUNTLESS HERE WE FACE A CRITICAL BRANCH IN HISTORY,
AND OUR SMALL PLANET WORLDS,

P

DESTROY OUR CIVILIZATION, NUMBERLESS
MOMENTS, AND POWERFULLY AFFECT

A

AND PERHAPS OUR SPECIES AS WELL. WHAT WITH OUR WORLD,
BRANCH IN HISTORY, WE DO

C

WILL PROPOGATE DOWN THROUGH CENTURIES THE
DESTINY - CARL SAGAN
OF OUR WELL WITHIN OUR POWER TO

E

DECENDANTS,

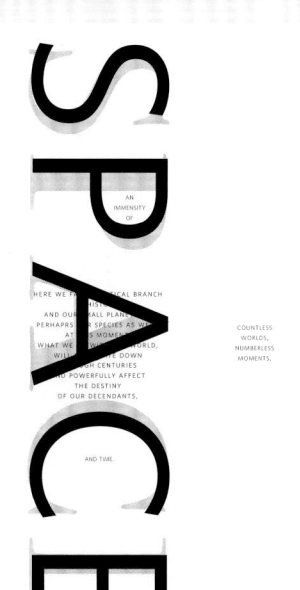

形の作り方

ケーススタディ
新聞の紙面レイアウト

新聞や雑誌など、定型の書式を持つ出版物にはスタイルガイドがあるので、スプリント法ではその既存のルールに従う。見出し、リード文、写真、キャプション、本文などのデザイン要素はすでにできあがっているため、デザイナーは限られた時間の中で、それらをどう配置するかに集中すれば良い。グリッド重視型の整然としたレイアウトだけでなく、力の抜けた自由なアプローチや、直感的な案も試してみよう。この見開き両ページに掲載したレイアウト案はいずれも、ポルトガルの日刊紙「i」(ionline.pt) の記事を素材に、30分間のスプリント法で制作された。

「プレインスポッターズ (Planespotters)」
プレインスポッターズをテーマとするフォトエッセイのレイアウト案。プレインスポッターズとは、空港で離着陸する飛行機の観察を趣味とする人々のこと (「トレインスポッターズ」のエアプレイン／飛行機版)。
文：ジョアナ・アゼヴェド・ヴィアナ
写真：ドラ・ノゲイラ
デザイン：カタジナ・コメンダ、クリッシー・クセナキス
記事：© ionline.pt

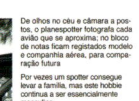

Planespotters.
O que eu queria mesmo era ser piloto

Tive a sorte de nascer no meio dos aviões e cresci com esta paixão.
O dia em que voei pela primeira vez foi simplesmente mágico

Sempre adorei aviões. O meu pai foi piloto da Força Aérea; o meu irmão seguiu-lhe os passos; e minha mãe queria ser astronauta. Toda a minha infância foi passada perto de aviões. Enquanto as outras crianças combinavam jogos de futebol aos fins-de-semana, eu passava os meus no aeródromo de Évora. Ficava horas sentado dentro dos aviões, no cockpit, a sonhar com o dia em que poderia pilotá-los. Aos 17 anos o meu pai ofereceu-me a breve licença de condução de aviões para pilotar planadores. Foi então que descobri que não poderia fazê-lo em dublênico. Se não tivesse tido a sorte de nascer no meio dos aviões, estaria hoje ao lado das coronas de planespotters que passam os dias a observar de longe; partilhamos esta grande paixão pelos aviões. Como não podia pilotar, tornei-me engenheiro aeronáutico e sócio do meu pai na Agexar, empresa de aviação que fundou quando voltou da Guiné – depois de a empresa onde trabalhava ter falido e ele ter recebido de indemnização um avião. No próximo ano espero concluir o brevet de piloto particular – que recebi como presente de licenciatura. O dia em que voei pela primeira vez a sós foi simplesmente mágico. Ninguém esquece o seu voo de largada. Pilotar envolve muitíssima de que adrenalina: é liberdade e responsabilidade, é experimentar um silêncio e uma calma indescritíveis. Nada pode igualar essa sensação.

Rui Dias trata da manutenção dos aviões no aeródromo de Évora

Vêm em família, aos fins-de-semana – foi a paixão pelos aviões que os uniu e já contagiaram o seu entusiasmo aos mais uma geração.
O ponto de encontro faz-se na

1. Tempo para gastar e muita paciência fazem um bom spotter.

2. Vêm em família, aos fins-de-semana – foi a paixão pelos aviões que os uniu e já contagiaram o seu entusiasmo aos mais uma geração.

3. O ponto de encontro faz-se na estrada para Camarate, que segue ao lado das pistas de aterragem doAeroporto daPortela, em Lisboa. Num dia bom, chegam a conseguir observar as manobras de mais de 50 aviões de diferentes companhias aéreas

4. São cerca de 500, os spotters portugueses, e muitas vezes a paixão passa de geração em geração. Cada imagem que conseguem é um troféu que exibem com orgulho.

5. De olhos no céu e câmara a postos, o planespotter fotografa cada avião que se aproxime, no bloco de notas ficam registados modelo e companhia aérea, para comparação futura

6. Há quem não se limite a passar um bom bocado. Alguns dos aficionados constroem verdadeiros portfólios que exibem em sites como o da associação portuguesa de entusiastas de aviação (apeapt.com) ou o airliners.net

グリッドを自作する
竜巻形の切り紙を写真に撮り、それを多数の直線に置き換えたグリッド。デザイナーは直線の密度を少しずつ高めて適度な加減を探り、最後に位置合わせ用のグリッド線を加えて、文字と各種のデザイン要素を配置した。
デザイン：アン・リウ

オルタナティブ・グリッド

グラフィック・デザインで、新聞や雑誌やWebサイトの情報を体系的にレイアウトするときは、グリッドを使う。本書も、一貫性のあるルック＆フィール（見た目と雰囲気）を実現するために文字グリッドを使用している。1つの作品の中で、ページやフレームの内容に応じてコラム数の異なるグリッドを使い分けることもあるが、その場合も基本的な規格は共通だ。デザイン上、意図的にグリッドの規格を破る場合も、やはり大抵は、グリッドと照らし合わせながら大きさや位置の外し方を決めることになる。

　デザインにはいくつものパラメータがあるが、オルタナティブ・グリッドを使うと、より実験的な切り口からそれらのパラメータを扱い、新しい紙面レイアウトを探求することができる。オルタナティブ・グリッドは、水平方向および垂直方向に直線が規則正しく並ぶ通常のグリッドと違い、さまざまな形状や角度を持つ。身の周りにある立体や平面イメージ、あるいは日々届けられる情報の中のパターンやテクスチャを加工すれば、自作のオルタナティブ・グリッドになる。紙面のレイアウトやタイポグラフィにおいて、新聞のように紙面を効率良く使うことを目指すのではなく、新しい形の可能性を探りたいなら、オルタナティブ・グリッドの出番だ。
文：イザベル・ユリア

次の書籍には、各種のパターンを発展させて形作ったグリッドが多数紹介されている。カールステン・ニコライ著『Grid Index』（ベルリン、ディ・ゲシュタルテン・フェアラーク社、2009年）。

切り紙細工の竜巻
竜巻の独特な形状を模した切り紙細工。デザイナーはこれを写真に撮り、それを基にしてオルタナティブ・グリッドを作成した。

完成したポスター
竜巻形のグリッドを構成する線は不規則に傾いているが、デザイナーはそこに奥行きの感覚を加えるため、文字色に濃淡をつけた。また、ポスターのテーマである「オズの魔法使い」がテクニカラー（カラー映画の製作方法で、3原色それぞれの版を1本にする）映画であることにちなんで、虹色の枠線を追加した。
デザイン：アン・リウ

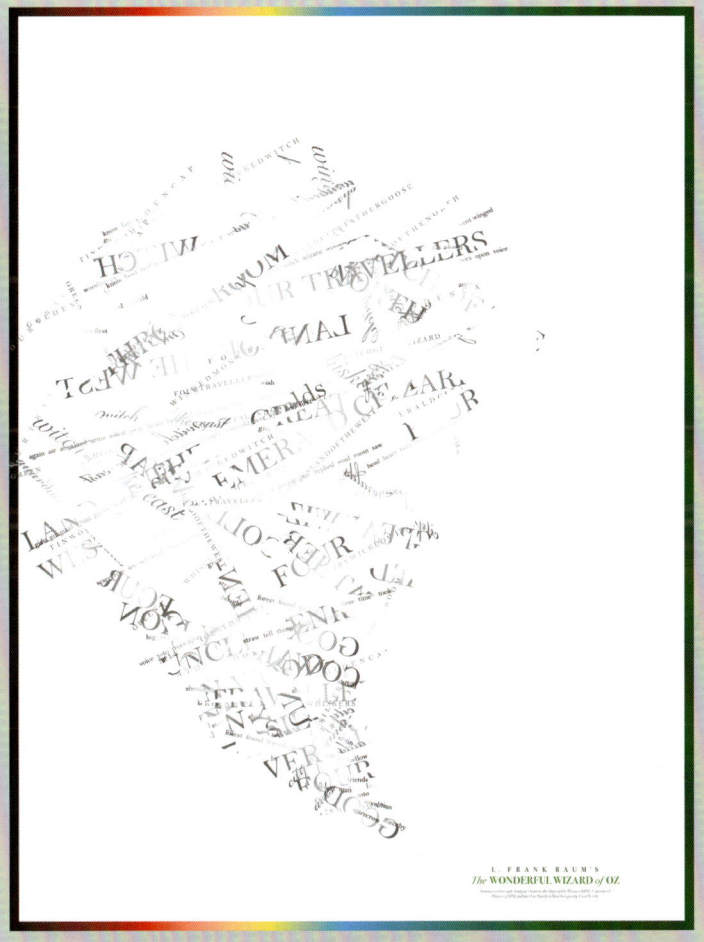

オルタナティブ・グリッドの作り方

01 素材を探す
自然界にも人造の世界にも、パターンやグリッドに加工できる素材は無数にある。たとえば都市風景、建築物、植物、動物、天候や気象、岩石の形や模様などは、代表的なインスピレーション源だ。身の周りの環境や、人間が創作したアートやデザインに目を向けてみよう。

02 直線で再現する
気に入った形が見つかったら、まず写真に撮るか、簡単なスケッチを描く。それから、その写真またはスケッチを観察し、直線的な構造を探し出す。上図の実験的ポスターでデザイナー、アン・リウが素材に選んだのは、竜巻だった。彼女は竜巻のスケッチを、網目状に重なり合う直線に置き換えて抽象化し、紙面全体に大きくそのパターンを配置した。

03 紙面を体系的に構成する
グリッドのパターンに従って、タイポグラフィや各種のデザイン要素を配置する。単にグリッド線の通りにデザイン要素の位置を揃えるだけでなく、グリッドの特色を発展させ、デザイン要素を切り離したり切り落としたり歪めたり重ねたりしても面白い。この種のグリッドは、紙面を整然と構成するためのツールではなく、遊び心を自由に発揮するためのツールだ。

形の作り方

ケーススタディ
書誌データを使ったポスター

今回のケーススタディでは、オルタナティブ・グリッドで紙面をレイアウトしたタイポグラフィの習作を紹介する。いずれも、デザイナーがアマゾン社（Amazon.com）のサイトで任意の書籍に関する文字情報と付随データを拾い集め、それを素材に制作したものだ。

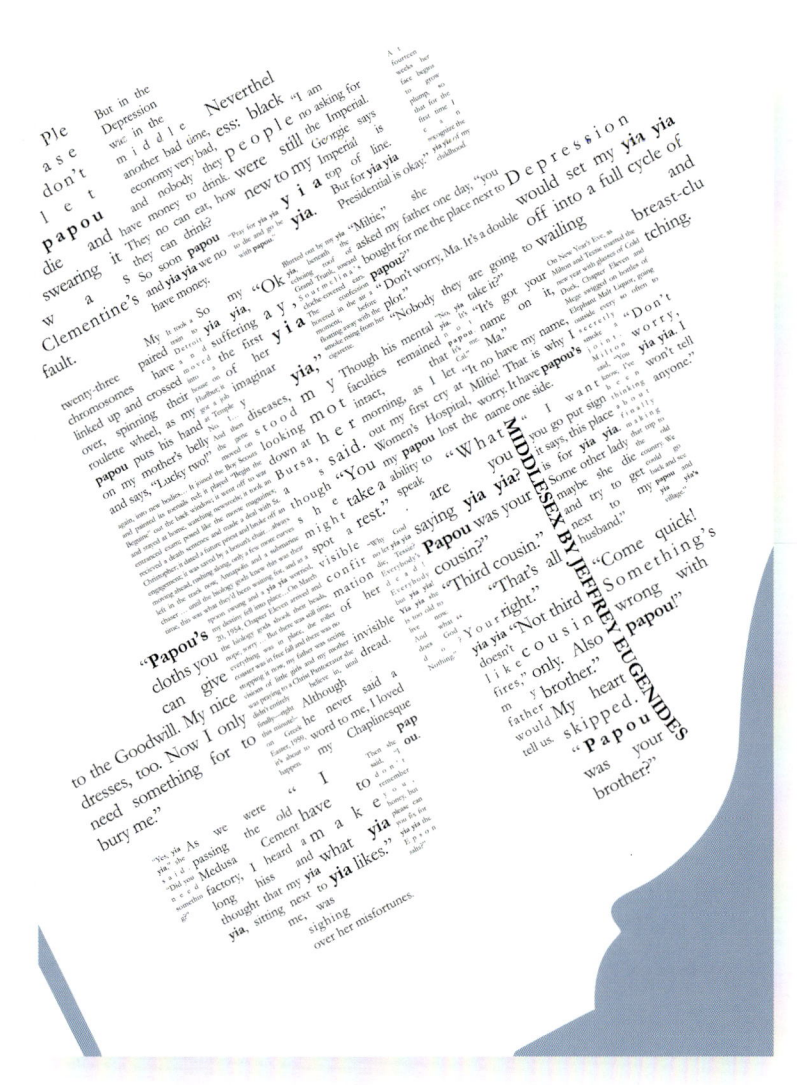

空からの眺め
街の地図を使ってグリッドを作成し、文字情報をレイアウトした習作。テキストは、ジェフリー・ユージェニデス著『ミドルセックス (Middlesex)』（佐々田雅子訳、早川書房、2004年）。
デザイン：クリッシー・クセナキス

「イラストレーション、グラフィック・デザイン、絵画、建築など、
あらゆるビジュアル情報や形を作っているのは、2次元のグリッドとパターンだ。
それは、あらゆるコンピュータの情報が0と1でできているのによく似ている。」

カールステン・ニコライ

顔のグリッド

ティボール・カルマンの名作を集めた作品集『Perverse Optimist』(2000年) のポスター。レイアウトに使用されているのは、顔の各部を起点に放射状に広がるグリッドだ。
デザイン：クリス・マッキャンベル

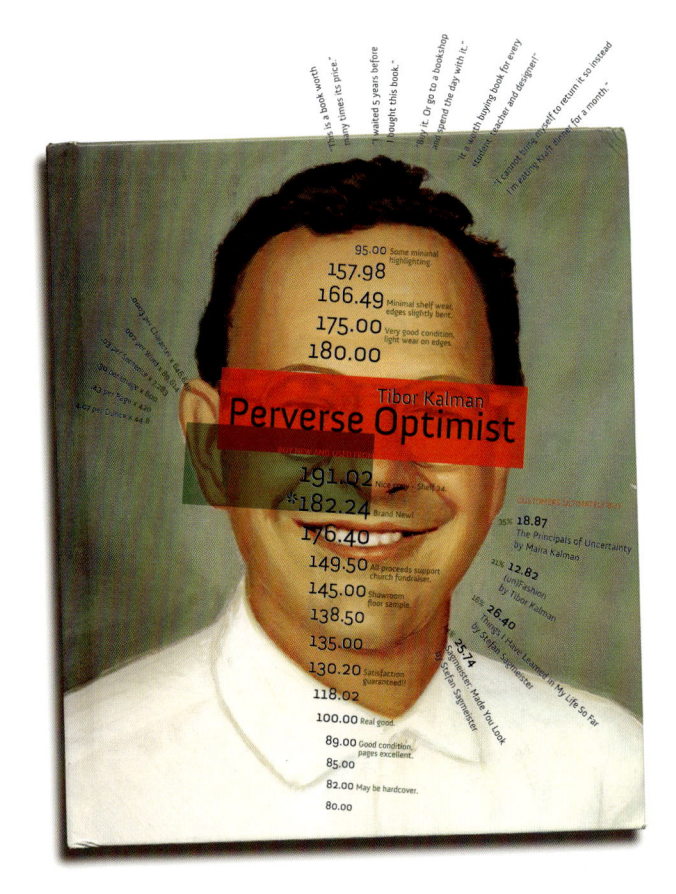

ケーススタディ
モザイク模様のグリッド

モザイクとは、任意の形状を規則的に並べた模様のことであり、個々の形状は、重なり合うこともすき間を作ることもなく繰り返されて、1つの面を覆う。伝統的なタイル細工や装飾アートに多用されるこのモザイク模様を応用して、さまざまなグリッドを作ってみよう。

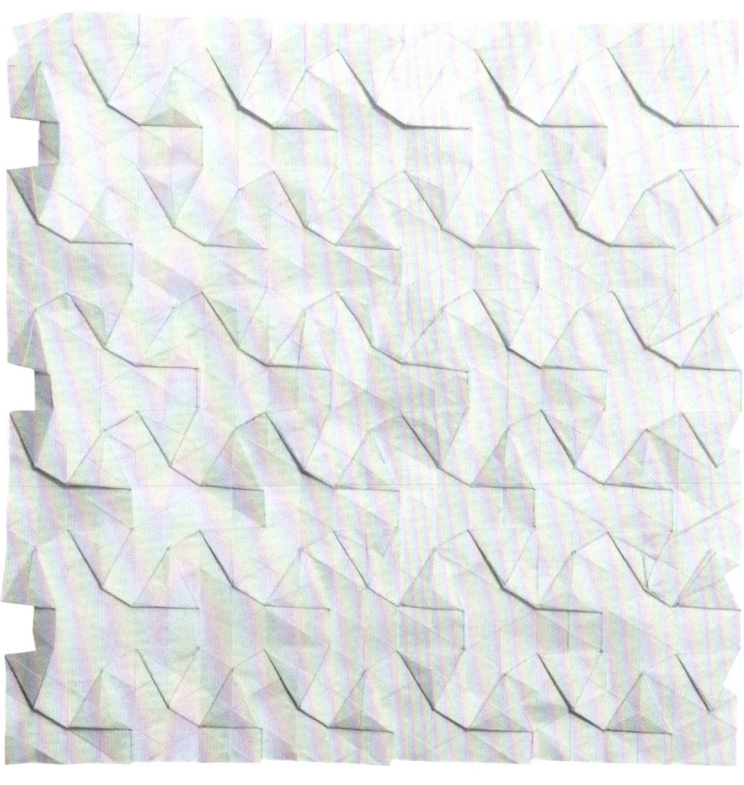

折り紙のモザイク模様
この複雑な折り紙のデザインは、幾何学的なグリッドで構成されている。見開き両ページに掲載したモザイク模様はすべてそうだが、この模様も、三角形の組み合わせのバリエーションだ。
オリジナルの折り紙デザイン：エリック・ジャーディ
折り紙制作および写真：イザベル・ユリア

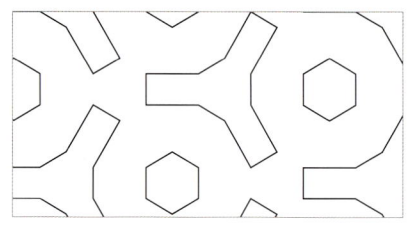

モザイク模様のバリエーション
さまざまな線と図形を組み合わせて反復させれば、無数の幾何学模様を作ることができる。
デザイン：イザベル・ユリア

斜線の効果
三角形のグリッドで紙面全体を統合した、デジタル製の合成作品。基本単位である小さな三角形を組み合わせると、大きな三角形や、三角形以外の形状を作ることができる。また、塗りつぶし色を互い違いに変えると、画面に奥行きが生まれる。
デザイン：モリー・ホーソーン

ウォーカー・アート・センター（Walker Art Center）のアイデンティティ
デザイン・ディレクター：アンドリュー・ブラウヴェルト

組み立てキット

デザイナー、アンドリュー・ブラウヴェルト（Andrew Blauvelt）は、彼が考案したモジュール式のデザイン手法を「組み立てキット」と呼ぶ。通常のロゴタイプは、一旦完成されたらそれ以上は変化しないが、ブラウヴェルトは、ミネアポリスのウォーカー・アート・センター（Walker Art Center）の新しいアイデンティティ制作プロジェクトで、美術館のデザイン・チームと共に、自由に変更し拡張できる開放式のシステムをデザインした。一連の装飾マークは、デジタルフォントのようにキーボードで入力して使用する。いずれも電力の働きを連想させる模様であり、そこに象徴されるのは、ウォーカーが提供するプログラムの多彩さだ。今後ウォーカーのデザイン・チームは、既存の装飾マークを組み合わせれば無限にバリエーションを増やせるし、必要であれば新しいマークを追加しても良い。これは、言わば生き物のように成長するビジュアル・アイデンティティであり、閉じたシステムの中で一定のルールに沿って使われる伝統的なグラフィック・アイデンティティと違い、オープンで柔軟なのだ。同じ系列に属する一揃いのパーツをデザインするこの手法は、応用範囲が広い。

文：エレン・ラプトン

「デザインの意味は大きく広がった。今やデザインは、まとまりのない物体に一定の形を与える作業ではなく、1つのシステムを創出する作業となった。つまり、デザインするためのツールをデザインするのだ。」

アンドリュー・ブラウヴェルト

組み立てキット式のデザイン法

01　パーツを作る
はじめにパーツを一式揃える。デザイナーが立体パーツやドローイングや写真を自作しても良いし、既存の作品をサンプリングしても良い。下図は、デザイナー、クリスチャン・ビヨルナードが制作した持続可能な環境のイラストであり、ごく限られた数のパーツで構成されている。

02　パーツを組み合わせる
パーツの使い方を決める。ビヨルナードが用意したパーツは、組み合わせ次第で、何種類もの樹木にもなるし、各種のテクノロジーを象徴するアイテムにもなる。直線と図形のみのシンプルなキットでも、これだけ変化に富む組み合わせが可能だ。

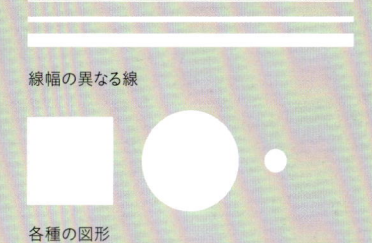

線幅の異なる線

各種の図形

形の作り方　127

128　問題解決ができる、デザインの発想法

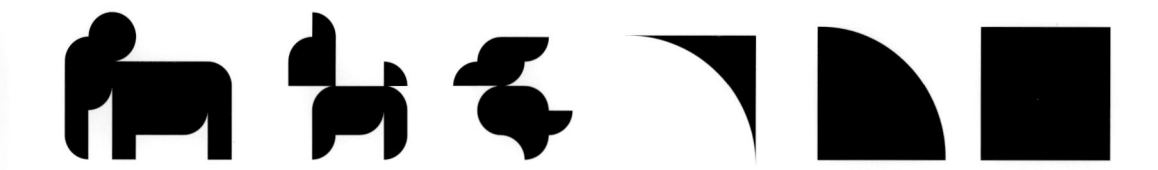

弾丸と葉 (左ページ)
エレガンスと災いの影が同居するイメージ。組み立てキットのパーツは葉と弾丸と矢じりで、いずれもコントラストの高いシルエット画像と、濃淡変化のあるフルカラー画像の両バージョンがある。デザイナーはそれらのパーツを回転し反復させて、花の形にした。
デザイン：ヴァージニア・ササー

文字とアイコン (上図)
組み立てキットのパーツは、正方形と、正方形を円弧で2つに切り離した形状だ。これだけの簡単なパーツでも、かなり複雑な形を作ることができる。デザイナーはすべてのアルファベット文字を作り、さらに人と動物のアイコンや、平面パターンも併せてデザインした。
デザイン：アーロン・ウォルサー

形の作り方　**129**

ケーススタディ
デトロイトのアニメーション

マルチメディア・スタジオHUSHのデザイナーたちは、各種のビジュアル素材を揃えた組み立てキットを用意して複雑なアニメーションを制作した。キットの中身は、カラーパレット一式、各種のテクスチャと形状、そして人や乗り物や風景のイラストだ。

未来のアメリカの設計図：車社会を越えて

デトロイトの未来像について論じるPBS（米国公共放送）のドキュメンタリー番組のために、HUSHは同市がどのように進化していくべきかを描いたアニメーションを制作した。現在のデトロイトの写真に、色鮮やかで見る者の共感を誘うようなイラストが組み合わされた画面は、明るい未来を感じさせる。

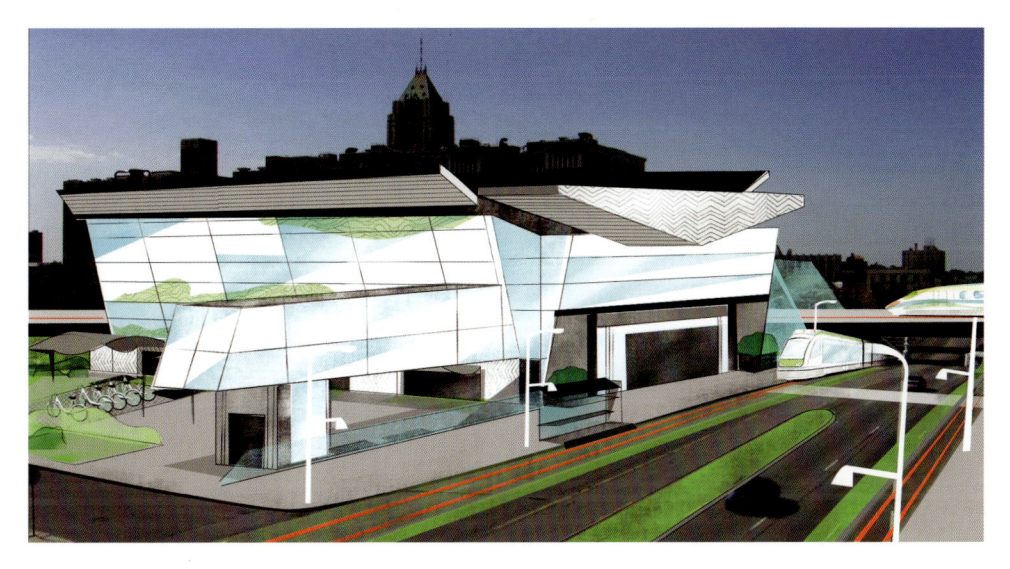

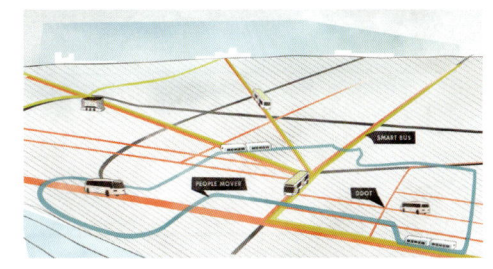

デザイナーたちは、未来の街を具体的にビジュアル化するのではなく、さまざまな事物を抽象化して表現する方法を選んだ。たとえば、再開発された市の中心街には流体が行き交っているし、次世代型のライトレール（軽量軌道）交通はパーティクル・システムの軌跡で表現されているし、省エネ型の住居は既存の建物にビジュアル素材を貼り付ける方法で視覚化されている。この完成作品を見ると、対象の具体像を描き出さなくても、豊かな表現が可能であることがわかる。

クリエイティブ・ディレクター：デイヴィッド・シュワルツ、エリック・カラシク、リード・プロデューサー：ジェシカ・リー、プロデューサー：ティム・ノラン、アート・ディレクター兼リード・デザイナー：ローラ・アルホ、デザイナー：ジョディ・ターウィルガー、2Dおよび3Dアニメーション：ティム・ハルディーン、ウェス・エベルハー、マイケル・ラックハート、マルコ・ディ・ノイア、アンドリュー・バセット

形の作り方　131

アップル・フィット (Apple Fit)
半透明の素材を使いつつ、中身が見えにくいようダイカットのグラフィックを施した、ブラジャーのパッケージ。遊び心があり、なおかつ魅惑的なデザインだ。カラーコードとリンゴの種類は、カップのサイズを表している。
デザイン：ティファニー・シー

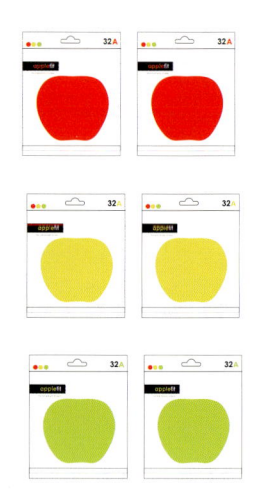

ブランド言語

ブランド言語とは、単なるロゴではなく、1つのシステムだ。このシステムを構成するのは色、形、イメージ、タイポグラフィ、テクスチャ、パターン、素材といったさまざまなデザイン要素であり、それらが1つに統合されて、企業の価値を対象層に伝える。ブランド言語のルック＆フィール（見た目や雰囲気）やビヘイビア（振る舞い）は、さまざまな連想を呼び起こし、価値を表現し、ブランド信仰を促進する力を持つ。効果的なブランド言語は、時代を越えて文化に浸透し、顧客との対話を生み出す。ティファニーのブルーの箱、マクドナルドのゴールデン・アーチ、UPSの茶色のトラックなどは、長い年月を通して人々に親しまれ、ブランド強化に貢献してきたビジュアル・アイデンティティの代表格だ。新しいブランド言語をいちから創造するためには、ビジュアル要素が持つコミュニケーション力を引き出すと共に、文化との関係性を十分に考慮しなければならない。
文：ジェニファー・コール・フィリップス

以下の書籍では、ブランド構築というテーマが新たな切り口から実践的に解説されている。マーティ・ノイマイヤー著『The Brand Gap: How to Bridge the Distance Between Business Strategy and Design』（カリフォルニア州バークレイ、ニュー・ライダーズ社、2005年）。

ブランド言語の作り方

01　対象層を特定する
どのような言語を使うかを決める前に、誰に語りかけたいかを見極めなければならない。メッセージの受け手、あるいは双方向性のコミュニケーションを取る相手を特定し、年齢層、生活スタイル、教育の程度などの条件を確かめよう。

02　ボキャブラリを揃える
対象層が明らかになったら、ブランド言語の構成要素（言葉とビジュアル）を一式デザインする。これらは、ブランド・メッセージを発信する各種のアイテムに効果的に利用できるものでなければならない。

03　順番を決める
各種の要素の重要度を見極め、優先順位をつける。もっとも強力に打ち出すべき要素は何か？　もっとも優先順位の低い要素は何か？　形状、大きさ、色、レイアウトなどの中で、互いの優先順位を決定付けているものは何か？

04　計画的に使う
ブランド言語の使い方を決める。商品パッケージ、建物の看板や標識、ユニフォーム、タグなど、個々のアイテムごとに、ルールをどの程度厳格に、あるいは臨機応変に適用するべきかを検討する。デザイン要素を拡大するとか、アイテムの角を包み込むように配置するとか、アイテムの縁で裁ち落とすなど、目先を変えた使い方も試してみよう。

05　ブランディング・システムの中に組み込む
クライアントへのプレゼンテーション資料や、ブランド言語の取扱マニュアルなどを作成するときは、ブランド言語を総合的なブランディング・システムの一環として体系的に位置付け、解説を加え、文書化する。

形の作り方　133

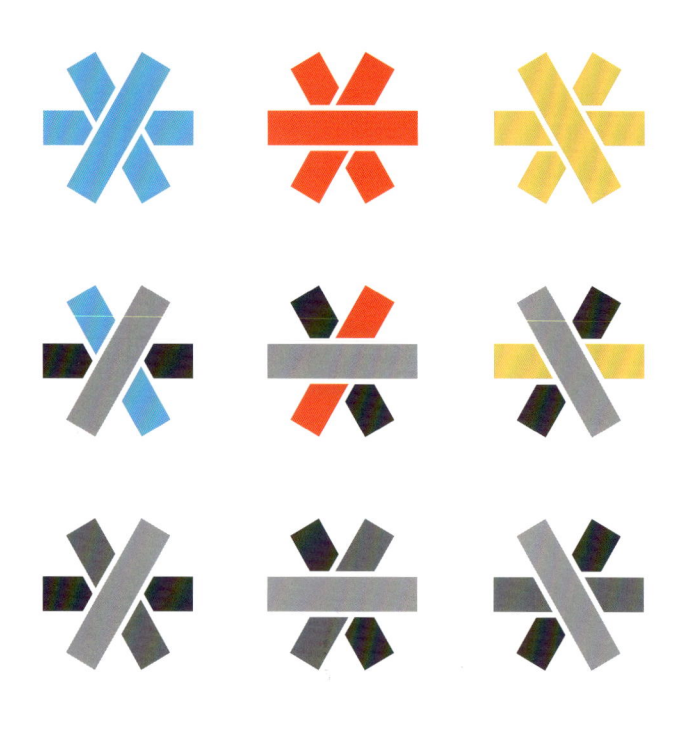

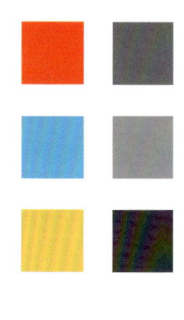

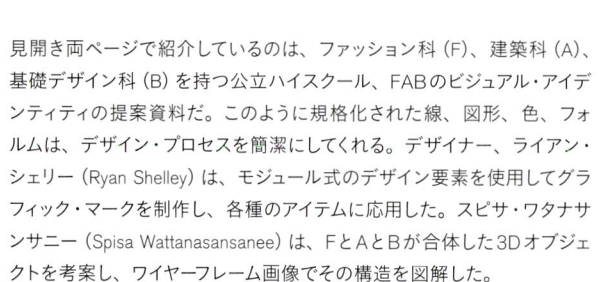

ケーススタディ
FABのビジュアル・アイデンティティ

見開き両ページで紹介しているのは、ファッション科（F）、建築科（A）、基礎デザイン科（B）を持つ公立ハイスクール、FABのビジュアル・アイデンティティの提案資料だ。このように規格化された線、図形、色、フォルムは、デザイン・プロセスを簡潔にしてくれる。デザイナー、ライアン・シェリー（Ryan Shelley）は、モジュール式のデザイン要素を使用してグラフィック・マークを制作し、各種のアイテムに応用した。スピサ・ワタナサンサニー（Spisa Wattanasansanee）は、FとAとBが合体した3Dオブジェクトを考案し、ワイヤーフレーム画像でその構造を図解した。

ブランド言語を持ち運ぶ
シンボルマークを大胆にあしらったアパレル、ステーショナリー、書類ケース。おしゃれでユーモアがあり、洗練されたビジュアル表現だ。
デザイン：ライアン・シェリー

C : 25	C : 30
M : 30	M : 00
Y : 65	Y : 20
K : 40	K : 30

現実世界で生きる言語
ブランド言語の実用例3種。ビジネス用ステーショナリーと、屋根付きのバス停と、トートバッグだ。
デザイン：スピサ・ワタナサンサニー

形の作り方 135

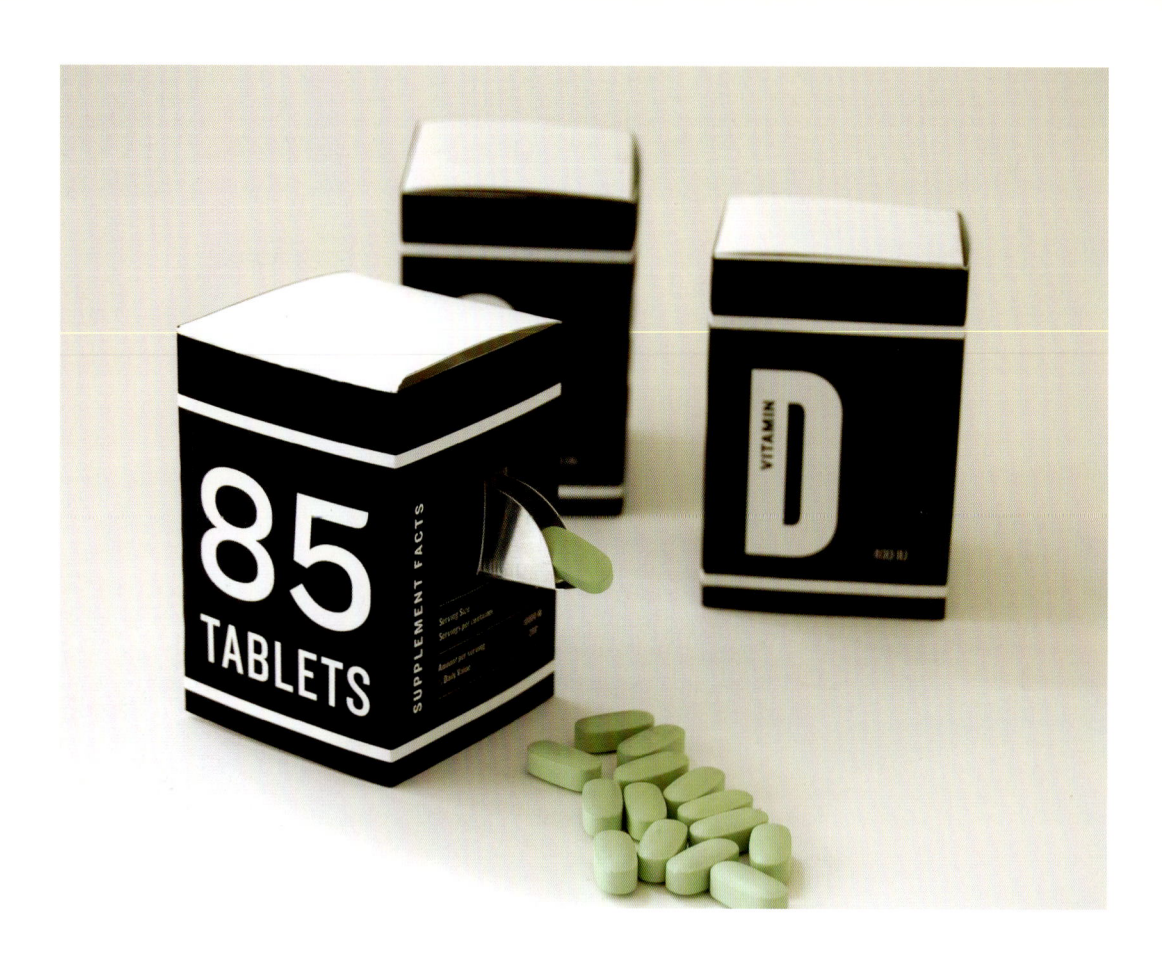

実物大のサンプル

実物大のサンプルを作ると、1つのデザインが完成に至ったときに、どのようなルック＆フィール（見た目や雰囲気）やビヘイビア（振る舞い）を示すかがわかる。実物大サンプルは、本物の立体模型でも良いし、2Dドローイングや写真を編集して作成したCGでも良い。完成作品の物質的な特徴（大きさ、形状、表面の質感、デザイン要素のバランスなど）を実際に検証することが、実物大サンプルの目的だ。何通りかの実物大サンプルを試作すれば、素材の違いや、全体のバランスや、構造上の細かい仕様を比較することができる。Photoshopでシミュレーションするか、本物の立体模型を手作りするかに関わらず、実物大サンプルは、アイデアの実効性をテストし、それをクライアントに伝えるうえで、きわめて重要な役割を果たす。

文・ジェニファー・コール・フィリップス

転がり出るビタミン剤

左ページの図は、ビタミン剤のパッケージの完成サンプル。パッケージ・デザインのヒントとなったものは、昔ながらのモートンソルト (Morton's Salt) の厚紙製容器だ。デザイナーはこの実物大サンプルを作るために、モートンソルトのパッケージから金属製の振り出し口を丁寧に取り外し、自作の箱の側面にはめ込んだ。下図は、パッケージの展開図。これを印刷し、切り抜き、折り曲げると、立体の箱になる。
デザイン：ジェームズ・アンダーソン

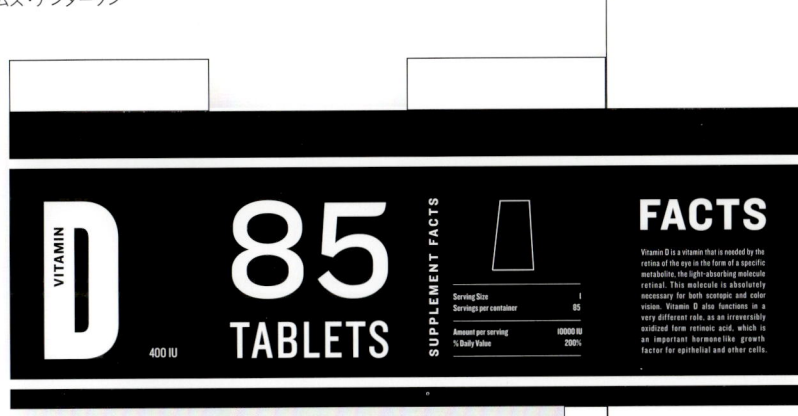

実物大サンプルの作り方

01 計画する

完成サンプル用の2Dの型紙または図面を、どこかで見つけるか、または自作する。商品パッケージをデザインしているなら、既存のパッケージの中から望ましい形状のものを探し出し、切り開いて平らにし、手作業でトレースするか、またはパソコンにスキャン入力してトレース画像を作成すると良い。必要であれば、大きさやバランスを調整する。この展開図を切り抜いて折り曲げれば、実物大サンプルができる。

02 デザインする

色、タイポグラフィ、ブランドマークなどのデザイン要素をそれぞれの面に入れる。展開図を折り曲げて組み立てたときにデザイン要素が正しい向きになるよう、よく気をつけること。簡単なスケッチを描いてざっと組み立て、方向を確認しておくと良い。デザインが完成したら、プリントアウトする。

03 組み立てる

紙またはその他の望ましい素材にデザインをプリントアウトしたのち、すべての折り目に丁寧に筋目を付け、輪郭線に沿って切り取り、折り目を折り曲げて組み立て、立体に成形する。必要に応じて両面テープ、スティックのり、ボンドなどを使い、接着面を固定する。

クローズアップもOK
デザイナーが試行錯誤を繰り返し、タイポグラフィや各種のデザイン要素のバランスを徹底的に追及して、丁寧に完成された実物大サンプル。彼はこの作品をポートフォリオに載せたいと考えていたので、写真撮影にも気をつかい、本格的に仕上げた。

ケーススタディ
シルバー・オーク (Silver Oak)

シルバー・オーク（Silver Oak）というビンテージ・ワインのボックス入り特級品のパッケージ・デザイン・プロジェクトで、デザイナー、ライアン・ウルパー（Ryan Wolper）はきわめて手の込んだ完成サンプルを作った。ターゲット層は知的職業に従事する将来有望な若者とのことで、リサーチの結果彼は、やや小ぶりなボトルを使って価格と品質のバランスを取りながら、隅々まで細やかな配慮を行き届かせて高級感を維持することにした。タイポグラフィは、サンドブラスト仕上げのビンに入れるものと、板に焼印で施すものがあり、彼は実物そっくりの望ましい色合いとコントラストが得られるまでレーザーカッターで何度も試作を繰り返した。全体を1つにまとめて、引き締めているのは、チェーンを通してボトルの首に下げたタグと、凹凸部分をきれいに組み合わせた木箱だ。これだけ完成度の高い実物大サンプルなら、ポートフォリオに載せても、クライアントへのプレゼンテーションに使用しても、強い印象を与えることができる。

ALEXANDER VALLEY
1986 AND 2005
1986
NAPA VALLEY
SILVER OAK
500 MILLILITERS
12.8%
2004
NAPA VALLEY
SILVER OAK
500 MILLILITERS
13.3%
1986
NAPA VALLEY
CABERNET SAUVIGNON
The 1986 Napa Valley Cabernet Sauvignon presents itself with
a medium ruby-red color and the start of a garnet edge. It has
a expressive nose of violets, cassis, licorice and allspice. This
wine is rich, full, fruity and balanced with a long finish of
beautifully integrated tannins.

チューレーン・スクール・オブ・アーキテクチャ
(Tulane School of Architecture)
紙を層状に重ねて制作したコラージュ（左図）と、グレア効果を撮影し（右ページ左図）、それを合成して紙面に華やぎを与えたポスター（右ページ右図）。
デザイン：マーティン・ヴェネスキー

物理的な思考法

デザイナー、マーティン・ヴェネスキー（Martin Venezky）は、さまざまな物質の物理的な性質に注目し、実験を繰り返しながらグラフィックを作り上げる。素材の物理特性や物理現象を出発点にすると、コンピュータ・グラフィックスとは一味違う、奥行きや不完全さや偶然性をそなえたイメージやタイポグラフィを作ることができる。1枚の紙は、どのようにして物体を包み込んでいるか？　1本の紐を地面に落とすとどうなるか？　むやみに先を急がず、物質として実在する形を観察すると、空間や光や質感によって多彩なニュアンスが生み出されることがわかる。ヴェネスキーはその作業を通して、新しい視点から作品の外観と内容を関連付けていく。

　彼はデザイン・プロセスの最初の段階で、素材の物理的な性質と向き合い、実験を重ねる。コンセプト主導で作業を進めるのではなく、先に作業に取り掛かり、そこからコンセプトを探り出すのだ。そうすると、多様な表面効果や物体の構造が、自ら作品の意味を語りはじめる。物質そのものが彼のために動いてくれるのを待ちながら、彼は個々のプロジェクトの個性をゆっくりと形作っていく。

文：クリス・マッキャンベル

マーティン・ヴェネスキーの制作プロセスは、以下の書籍に詳述されている。『It Is Beautiful…and Then Gone』（ニューヨーク、プリンストン・アーキテクチュラル・プレス社、2007年）

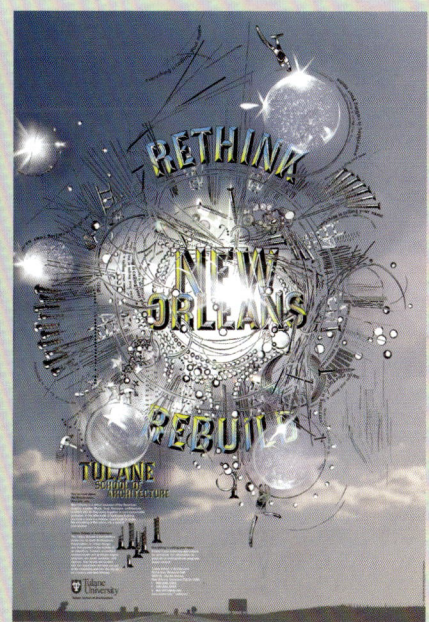

物理的思考の進め方

01 スケッチする
物理的性質を持つ有形の素材を選び（写真や一連の文字など）、その線や形状と、それらの相互作用を観察する。視線を捉える要素を見つけ出し、新しいつながりを作り、それをスケッチする。色のことはまだ考えない。プロジェクトのテーマとうまく関連付けようとする必要もない。この段階では、すべてが抽象的なままで構わないので、ビジュアルとして有効なものと、そうでないものを見分けることに集中する。いくつもの方向性を検討することは大事だ。何かがうまくいかないときは、別のやり方を試してみよう。

02 立体にする
紙、厚紙、ホイル、メッシュなど、すぐに手に入る素材を使い、スケッチを立体で試作する。隣の部屋や通りの向かい側など、身近な場所でさまざまな素材を探してみよう。目を向けなくて良い場所はない。インスピレーションは、どこからやってくるのかわからないからだ。何かがアンテナに引っ掛かったらその形を観察し、どうすれば描いておいたスケッチと関連付けられるかを考える。いくつもの要素を組み合わせ、趣向に富むパターンやテクスチャや形状を作ってみる。それらの要素が、ときには互いに入れ替わりながら、自然に落ち着く先を見つけるのに任せよう。衝突が起きたり、でたらめなグループができあがったりしても、それで良しとすること。

03 写真に撮る
できあがった立体の習作を、カメラのレンズ越しに見てみる。1つ1つの要素が個別に表現するものは何か？ 全体をいろいろな角度から見ると、何が伝わるか？ 光と影を観察し、その変化を吟味する。クローズアップすれば素材のスケール感が変わり、より抽象的かつ普遍的なビジュアルに見えてくるはずだ。

04 コンセプトを決める
立体の習作に、メッセージや意味を込める作業に取り掛かる。これまでの作業を経て、形は今、どのような意味を伝えられるのか？ 表現に役立ちそうなデザイン要素があれば、追加する。同時に、配色計画も考えはじめる。

05 完成度を高める
各種のデザイン要素を1つにまとめる。互いの位置関係を考えながら、すべてのデザイン要素を融合させていく。

ケーススタディ
2Dの詩を3D化したポスター

MICAで週末に開催されるワークショップで、ヴェネスキーは参加者たちに、さまざまな国の文字で書かれた詩を手渡した。デザイナーたちは、詩の意味が理解できない状態でこの文字に自分なりの解釈を与えなければならない。彼らはまず文字の形からインスピレーションを働かせてデッサンを描き、次に紙、厚紙、ホイルなどの身近な素材を使ってデッサンを立体化した。以下に紹介するのは、デザイナー、クリス・マッキャンベル(Chris MacCampbell)が制作した作例だ。彼はアラビア文字の形(形状)がリボンに似ていると直観し、細長い紙紐を画鋲で壁に留めて、空間に輪を描いた。これをさらに発展させ、輪を描く紐に英訳した詩を絡ませたのが、完成作品だ。このように、いつもと違う制作プロセスを辿っていくと、意外性のあるアイデアに出会える。

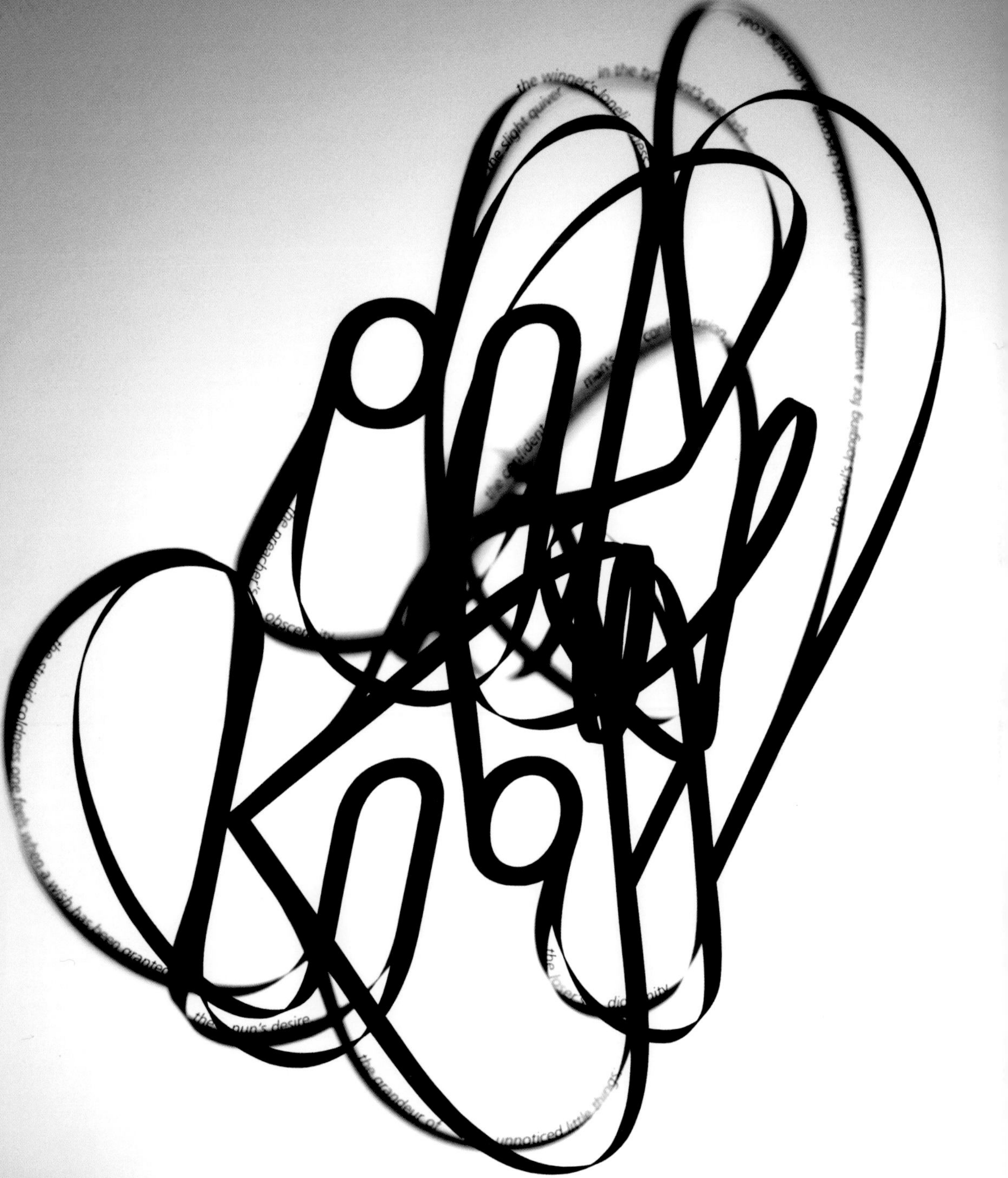

Complaining is Silly（文句を言ってもはじまらない）
ニューヨークシティにあるステファン・サグマイスターの自宅兼オフィスの屋根看板。環境の力を利用したいと考えた彼は、新聞印刷用紙にステンシルを施した。インキが付着していない部分は日光に晒されると黄色く見えるので、日射しが強まるにつれてメッセージが消えていく。

屋外展示

外の空気を吸うと頭がすっきりする。作品も、勢いがなくマンネリ気味だと感じたら、戸外の風に当てると良い。都市、郊外、田舎の農地、自宅の庭、その他のさまざまな屋外環境に作品を持ち出すのも、制作テクニックの1つだ。さまざまな素材を探し出し、作品化し、偉大なる自然とどのような関係を結ぶことができるか試してみよう。方法はいろいろある。あらかじめ全体の計画を立てても良いし、偶然の成り行きに期待しても良いし、実験を行っても良いし、手当たり次第にリサーチをしても良い。自然の法則に従うことで、あるいは逆らうことで、その素材はどのように変容するだろうか？　自然環境は、物体の存在感を伝えることのできる身近なツールだ。人為的でない事物を基準にデザインを考えると、デジタル世界に引っ張り込まれず「現実」の感覚を保つことができる。
文：エリザベス・アン・ハーマン

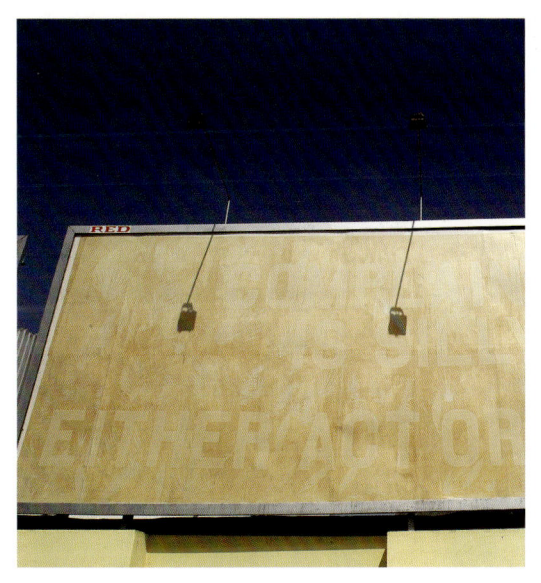

屋外展示の行い方

01　質感を活かす

どのような印刷面（紙、木材、プレキシガラス、厚紙など）や印刷技法（印刷インキ、浮き彫り、型抜き、ステッカー、カッティング・シールなど）を使うかを検討し、それらの印刷資材の物理特性を明らかにする。それらの素材が自然環境に触れると何が起こるか？　風化や変質の作用を利用して質感を作り出そう。質感が加わると、印刷物もデジタル作品も動画も、表現が豊かになる。

02　気候を利用して変化を促進する

さまざまな気象条件は、各種の素材の風化や変質を促進する。雨、風、雪、霜、湿度、照りつける太陽などに作品が晒されると、自然の力によって人工的な秩序が崩れ、そこに新しい可能性が生まれる。事物の間に自然に発生する関係性や連鎖反応を観察しよう。動植物は、気象条件の変化に応じて本能的にどう変化するか？　時間、天気、大気の汚れなどが、屋外に設置した作品に及ぼす物理的な影響を観察する。たとえば安価な素材であるビニール素材は、標識によく使われるが、時間と共に劣化しやすい。これをマイナス要因と捉えるか、それとも味わいと捉えて歓迎するかは、あなた次第だ。

03　動画を流す

モーショングラフィックスは、屋外で再生すると、さまざまな自然光や人工光が作品に及ぼす影響を観察することができる。

不規則に変化する面（質感のある面や、複数の面が接する場所など）にビデオ映像を投影するとどうなるか、あるいは斜め方向や遠距離から投影するとどうなるか？　撮影現場で作品を再生し、そこから新しい展開をはかるのも一案だ。ビデオ映像や写真を撮影現場で再生または展示して、その様子をまた撮影してみよう。特定の環境の中に設置することで、作品の素材や内容がどのように変化し、再編されるかを探ってほしい。

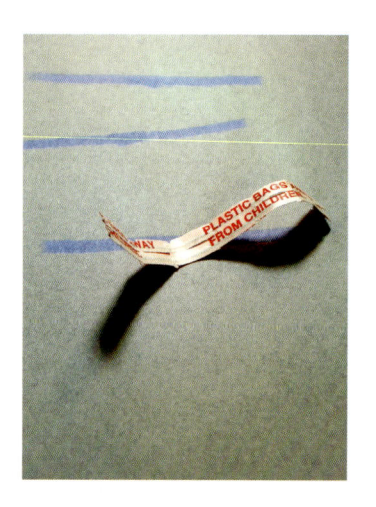

大気や気象の働きを検証する
古い膜は剥がれていく。大気や気象は物質にさまざまな作用を及ぼす。金属面は年月を経れば錆びるるし、風防ガラスは空気中の塩分やほこりで曇っていく。暴風雨が通り過ぎたら道路脇を流れる雨水を覗き込み、水面に映る自分の姿を見てみよう。戸外に設置した作品は、気候の変化に応じてどんどん変化する。自然環境の中で崩れ、朽ちていくイメージを再編し、新しい構図を作ってみよう。
写真とデザイン：エリザベス・アン・ハーマン

形の作り方 147

新しいツール
押しピンと紐で形作った文字。デザイナーは、光の当たり具合を変え、さまざまな角度から撮影を試みた。
デザイン：スピサ・ワタナサンサニー

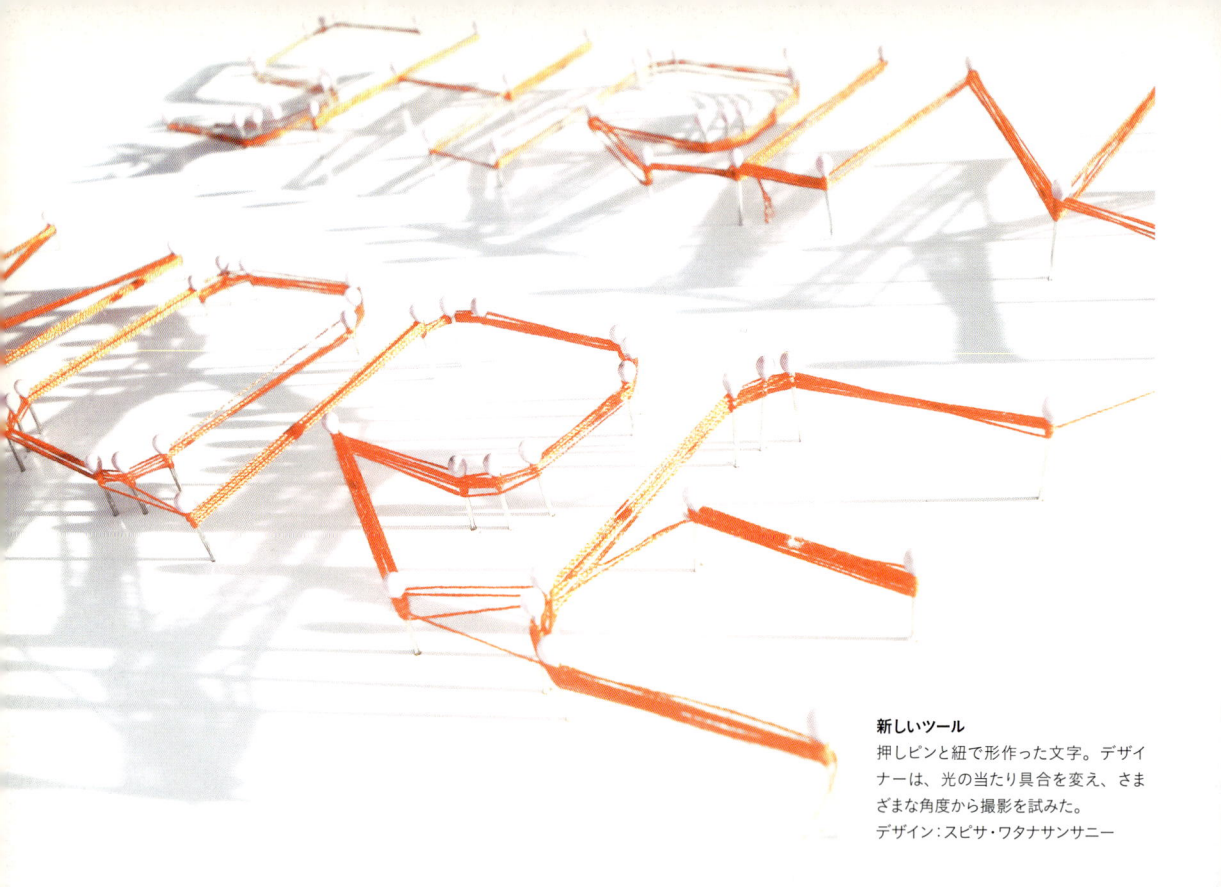

いつもと違うツール

アイデアを形にするときは大抵、ペン、鉛筆、パソコンなど、手に馴染んだ使いやすいツールを使うはずだ。しかし多くの場合、いつも通りのツールからは、いつも通りの結果しか生まれない。アイデアを効率良く生産しようとすると、刺激的な発想には辿り着きにくい。そんなときは、いつもと違うツールを使い、アイデアを実際に視覚化するときの物理的手段を変えてみよう。そうすると、身に付いた習慣や考え方から離れ、可能性を広げることができる。複雑な個性を持つツールが、非凡な発想をもたらしてくれるのだ。たとえばテープやワイヤーなどの変形しにくい素材は、思い通りの形には成形できないので、素材自体の声が形に加わる。皮をむいたジャガイモは、有機的性質と幾何学的性質が溶け合った形になる。空気が抜けた風船の形は、哀しい美しさだ。物理学や化学と同じように、優れたデザインは、私たちが暮らすこの不完全な世界の中で完全なアイデアを具現することができる。
文：クリストファー・クラーク

まとめようとせず、
散らかすつもりで描こう。

いつもと違うツールの使い方

01　作るべき形を決める
ロゴの形を円形または四角形にするとか、紙面レイアウトに粗削りで素朴なタイポグラフィを使うとか、ポスターの中央に具体的なメッセージを持たないビジュアル（たとえばキーボード、またはマリリン・モンローの顔）を配置するなど、デザインの方向性を絞り込む。コンセプトそのものはシンプルに抑えると良い。アイデアが振るわなくても、新しいツールには、それを補って余りある不思議な力がある。

02　鉛筆を置き、パソコンから離れる
（マウスを足で操作するつもりならパソコンを使っても良い。）

03　新しい描画ツールを探す
庭から拾ってきた枝に墨を含ませても良いし、金づちをペンキに浸しても良い。ツールそのものには意味を持たせず、抽象的に捉えよう。たとえば押しピンをグリッド状に刺し、そこに赤い紐を渡せば、それが描画ツールになる。新しいツールを見つけたら、一回試すだけで終わらせず、何度も使うこと。ツールが自らの持ち味を発揮するに任せよう。

04　適切なツールを選ぶ
いろいろなツールを一通り試したら、試作を見比べて、機能性、美しさ、わかりやすさを兼ね備え、それらの資質と形とのバランスに優れたツールを選ぶ。

05　作品化する
メッセージを伝えるのに適したツールを使い形を完成させ、複製可能なメディアに記録する。たとえば、シャベルで描いた線画をベクトル画像に変換して保存するとか、紙面に並べた小石を写真に撮るなどだ。

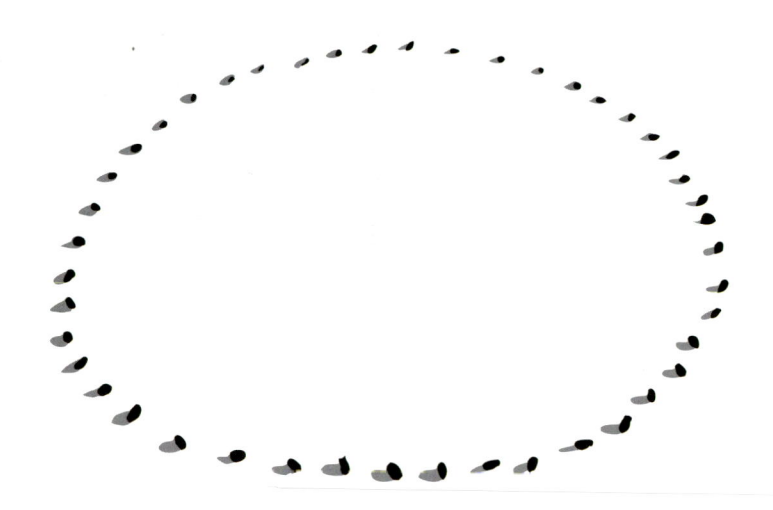

HEARTLAND EGGS

ケーススタディ
ハートランド・エッグス (Heartland Eggs)

今回試作するのは、架空の鶏卵場、ハートランド・エッグス (Heartland Eggs) のロゴだ。デザイナーであるクリストファー・クラーク (Christopher Clark) は、いつもと違う描画方法で新しい形を創作し、応用デザインの課題に予測不可能な要素を取り入れようと考え、数通りのツールを使って流れのままに手を動かし、シンプルで自然発生的なマークを作り出した。彼が描画ツールとして試したのは、金づちとインク、アクリル絵具とボックスカッター、カメラと家具、白色テープとアトリエの床、バジルの種と紙などだ。彼はその中から、種の有機的な形状とわずかな立体感が映える最後の習作を最終作品として選んだ。

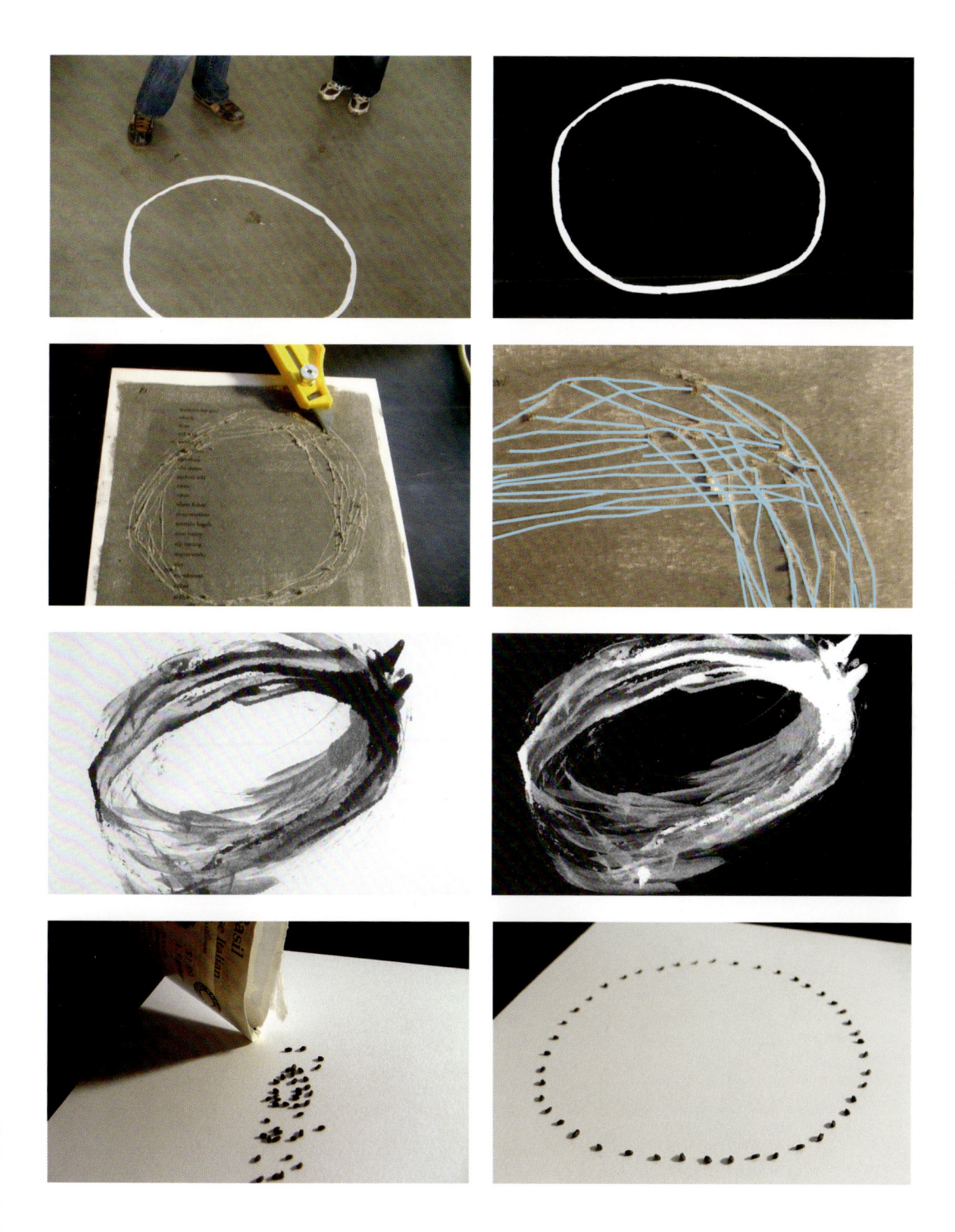

形の作り方 151

ケーススタディ
トイレットペーパーを用いたトレース画

バンコクにあるアリアンス・フランセーズ（フランス文化センター）で、ポントーン・ヒランプルエク（Pongtorn Hiranpruek）が講座を開いた。これは一般の人々が参加できる講座なので、多くの受講生はビジュアル・アートの初心者だ。彼らはデッサンのスキルを持たず、グラフィック・ソフトも使い慣れていない。しかし既存のイメージをトレースするこの描画法なら、プロのデザイナーでなくても多様なイメージを生成することができ、さらにデジタル・ツールの使い方も習得できる。この手法ではまずトイレットペーパーを使い、ある程度の間隔を開けながら数多くのイメージをトレースする。続いて、鉛筆描きの線画にマーカーで色を付ける。このとき、マーカーのインクはにじんで下の面に写るが、そのままで良い。色付けが終わったらパソコンを使い、染みだらけのカラー・イメージをスキャン入力し、Illustratorでトレースして、ベクトル画像を生成する。最後にそのアイコンをTシャツにスクリーン印刷する。

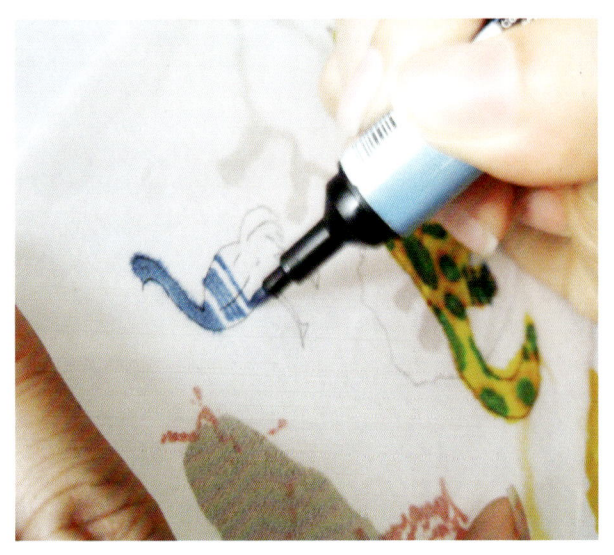

形の作り方 153

ケーススタディ
書体を作る

折り紙やコピー機など、いつもと違うツールを使って形を整えたり分解したりすれば、新しいタイポグラフィや書体ができる。

文字を組み直す
さまざまに形を変えるeの文字。使用ツールはインク、テープ、紙、修正液、コピー機。デザイナーは文字を細かく切り離して並べ直し、形を整え、あるいは崩して、さまざまな形を作り出した。
デザイン：エリザベス・アン・ハーマン

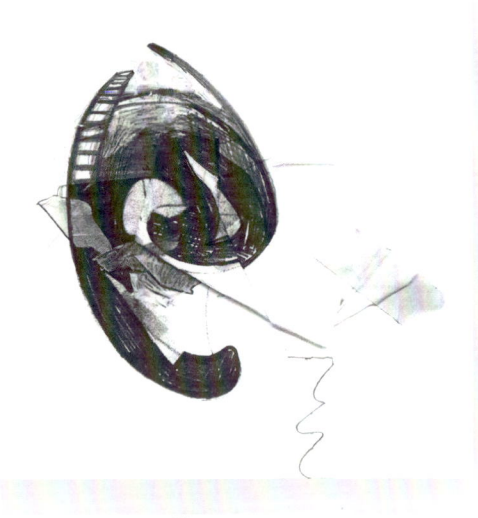

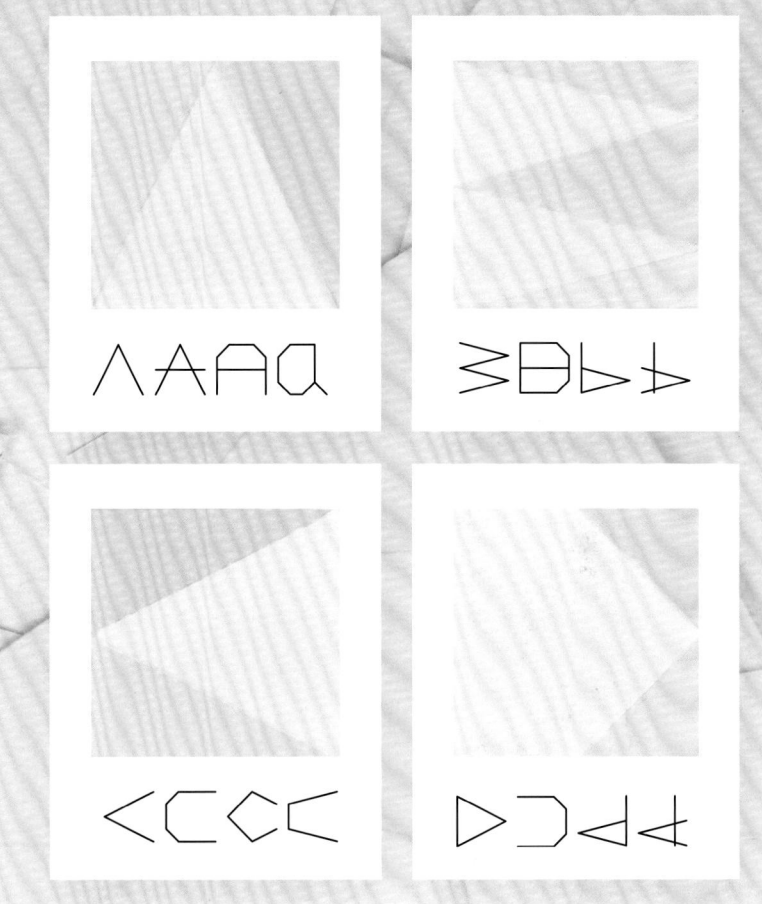

折り紙文字
輪郭線で表現されたアルファベット。デザイナーは5センチ四方の四角い紙を折って、文字の形にした。
デザイン：イザベル・ユリア

反復法

デザインは、つねにパソコンの中でできあがっていくわけではない。パソコンデスクの前にずっと座っている人は、そろそろ腰を上げ、がらくたの山と向き合う時間だ。パソコンで生成する作品が3週間目のカッテージチーズのような匂いを発し始めたら、この反復法のテクニックで臭みを取り除こう。反復法とは、1つの素材を繰り返し加工することで、古びて傷んだようなイメージを生き生きと蘇らせるテクニックだ。ありふれたビジュアル言語も、この手法を用いれば力強い物質的な性質を回復する。何度も反復し、手当たり次第に数多くのバージョンを作ってみよう。大量のがらくたの中から、平凡な対象物に対する新鮮な視点が見つかるはずだ。最初に好きなだけ自由に集めた素材は、後で大半をばっさり切り捨てることになるが、この技法で制作したイメージは、ロゴやアイデンティティやイラストレーションの素材にも、Tシャツやポスターの絵柄にもなる。実験的な試みを繰り返し、その度に作品のメッセージや個性を変化させていくと、何がどのように意味を形成するかがわかってくる。繰り返し反復するうちに、新しい何かが生まれてくるのだ。

文：エリザベス・アン・ハーマン

あなたの作品は3週間目のカッテージチーズのような匂いがしますか？

潰れたコーラの缶
反復法を用いると、捨てられた物体から思いがけない形を引き出すことができる。
デザイン：エリザベス・アン・ハーマン

反復法の行い方

01　歩く
ビニール袋、カメラ、スケッチブックを持って外に出かけ、通りに捨てられ、風雨に晒されて傷んだ物を拾い集める。特に探してほしいのは、印刷物や文字の入った加工品で、たとえば壊れたバイクのホイール、手書きの文書、駐車券、署名、スプレー缶、段ボールの残骸などだ。

02　調べる
見つけたものは何か？　その素材は何か？　それを使って何ができるか？　どんな風に加工できるか？　見つけた物の、物理的な性質と機能を調べよう。

03　対象物を1つに絞る
集めた物の中から1つだけ選び出して再検証し、再構成していく。使い方を知っていても知らなくても、何らかの方法で使ってみる。やる必要のあることは、やっておく。対象物を、物理的に分解する。その対象物の本質をわかりやすく示す。本質的な要素が消え去っている場合は、それに代わる何かを与える。本質的な要素が過剰に存在する場合は、いくらか削り取る。さまざまなパーツを自由に組み合わせる。たとえば大型トラックのタイヤの溝が面白い形をしていたら、コーラの缶をそのタイヤで潰し、そこに質感を与えてみる。そうすると缶が変形し、文字がねじれて、意外性のある新しいイメージができあがる。

04　記録する
デジタルカメラか紙とペンを使い、再構成した対象物を記録する。背景、照明、被写界深度、対象物の見せ方を考える。どのような演出をしたいかに応じて、台に乗せて撮るとかグリーンバックで撮るなどの工夫をしよう。

05　小さく切り、貼り合わせる
記録したスケッチや写真にメモを添え、コピーをとる。コントラストを強めたり、ガラス越しにライトを当てて動かしたり、コピーをとった紙にもう一度コピーを重ねるなど、自由に加工する。1枚のコピーを細かく切り、他のパーツを加えてコラージュする。紙とペン、ハサミと糊などを使い、何でもやってみよう。少なくとも50回は試作を繰り返してほしい。数える必要はない。ただし、楽しむ気持ちを忘れずに。

形の作り方

ケーススタディ
デカンストラクション
（缶の脱構築、Decanstruction）

下図は、エリザベス・アン・ハーマン（Elizabeth Anne Herrmann）が、潰したソーダの缶を何十個も集めて撮影した写真素材。彼女はこれらの写真を加工して1つのイメージを生成し、スクリーン印刷でポスターを制作した。

DEcAnstruction

SERVES REASON : SAP PRESERVES TIME

再構築された刺繍
デザイン：クリストファー・クラーク

ビジュアル言語の再構築

インスピレーションを得るのは、それほど難しいことではない。難しいのは、それをあなた自身の言語に翻訳することだ。ある程度時間をかけ、確かな目で見分ければ、魅力ある素材や資料を集めることはできるが、それらが持つ表現力をあなたが自分なりに消化し、活かしていくためには、耐え間ない努力と熟慮を繰り返さなければならない。ビジュアル言語には、それ自体の論理がある。そのビジュアルが何を表現しているかがわかるのは、考え方の筋道がビジュアルの中に埋め込まれているからだ。クロスワードパズルは、単語の右側と下側に黒マスがきちんと入らなければクロスワードパズルに見えない。単語の長さを決めるのは左側の黒マスではなく右側の黒マスだ。19世紀に盛んだった刺繍作品では、ステッチの数と、使用する布地の性質によって、仕上がりのきめ細かさが決まる。ビジュアル言語への理解を深め、新しい目的と新しいメディアのもとでその言語を活用していく方法を学ぼう。ビジュアル言語を分析し、その論理を知ったうえで、再構築すること。それがデザイナーの課題だ。

文：クリストファー・クラーク

イメージは言語を持っており、それは他のあらゆる言語と同じく、誰でも習得し、話すことができる。

クロスワードのロジック

クロスワードパズルをモチーフにしたタイポグラフィの制作は、想像以上に難しい。黒マスと白マスが均等に散らばっていると、クロスワードパズルではなく格子模様にしか見えない。クロスワードパズルのビジュアル言語は、使用する単語の長さおよび方向と一致する。空欄（白マス）に番号をふる仕組みも、目立ちはしないが重要な役割を果たし、このグラフィックが紛れもなくクロスワードパズルであることを示す。
デザイン：クリストファー・クラーク

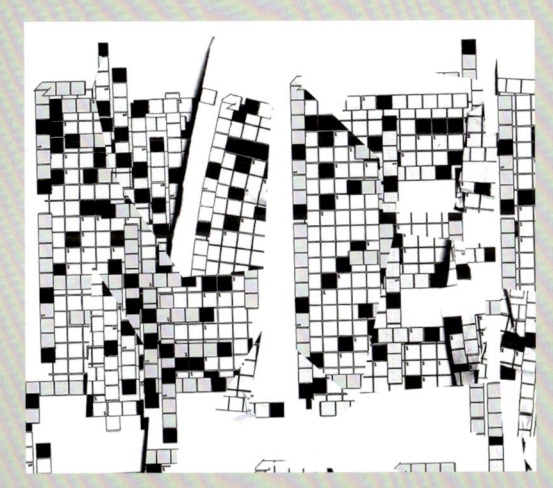

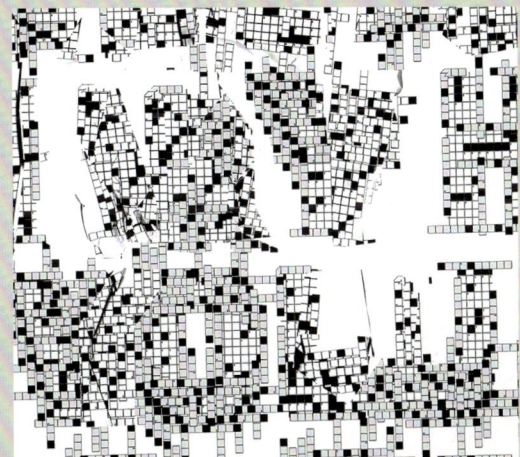

ビジュアル言語の再構築方法

01　資料とする言語を選ぶ
これだ、と思うビジュアル言語を選ぶ。ルネサンス期の絵画、16世紀の時計、ウォルト・ホイットマンの詩など、あなたの心を揺り動かす資料を見つけよう。

02　選んだ言語を分析し模倣する
時計がどんな仕組みで動いているかを知りたいなら、分解してみれば良い。表現様式でも同じだ。何かの外観が、なぜそうなるのかを知りたいなら、解体し、パーツを仔細に調べれば良い。

03　観察する
資料の分析が進むと、外観は、作品を形作るための方法に応じてできあがることに気付くはずだ。その外観が生まれる理由がわかったら、詳しく書き留め、理解を深める。

04　グラフィック要素の辞書を作る
ドイツ語や中国語を学ぶときは、単語帳が役立つ。同様に、デザインを学ぶときは各種の形状やマークをリストアップし、見本帳を作ると役立つ。グラフィック要素の辞書として活用しよう。

05　自分なりのイメージを再構築する
文法と語彙が理解できたら、あなたが自分なりの新しい文章を紡ぎ出す番だ。元のビジュアル言語に基づく線や形状を通して、あなた自身のビジョンとアイデアを伝えていこう。その新しい言語を流暢に話せるようになれば、無限の可能性が広がる。

ケーススタディ
フォーク・アート(民芸)の習作

デザイナー、クリストファー・クラーク (Christopher Clark) は、18〜19世紀に作られた刺繍作品と伝統的なキルト柄を調べ、刺繍作品に多用されていた形を発展させてイラスト風のグラフィック・パターンをデザインしようと決めた。そして、古い時代の刺繍作品をスケッチし、パソコンで描画できそうなマークを集めて、辞書を作った。完成作品は紛れもなく今の時代のグラフィックだが、その根底には古い刺繍作品の素朴さや繊細さが息づいている。

フォーク・アートの資料 (左上から時計回りに)

作者不詳。マサチューセッツ州サウス・ハドレー、1807年。絹とベルベットの布地に水彩絵具、鉛筆、インク、絹糸、金属糸、シェニール糸で細工。印刷された紙製のラベル付き。直径17インチ (約43センチ)。アメリカン・フォーク・アート・ミュージアム、エヴァ&モーリス・フェルド・フォーク・アート資料取得基金、1981.12.8。

サリー・ハザウェイ (1782-1851)。マサチューセッツ州またはニューヨーク州、1794年。絹地に絹糸。17×20.25インチ (約43×51センチ)。アメリカン・フォーク・アート・ミュージアム、ラルフ・エスメリアンより寄贈、P1.2001.284。

作者不詳。ニューイングランド地区またはニューヨーク州、1815-1825年。ウール地にウール糸の刺繍。100×84インチ (約254×213センチ)。アメリカン・フォーク・アート・ミュージアム、ラルフ・エスメリアンより寄贈、1995.32.1。

デザイン：クリストファー・クラーク

形の作り方 163

祖母の記憶の再構築

グラフィック的な表現と、作者の個人的なビジュアル言語が共存する作品。資料として使われたのは、伝統的なキルト柄だ。作者は、シンプルな形状の中に複雑なパターンを入れ子のように配置することで、手芸というビジュアル言語を再構築した。独特な形状と色使いはすべて、祖母と大叔母、あるいは教会のキルト愛好会の人々が作ったファミリーキルトをヒントにしている。

デザイン：クリストファー・クラーク

形の作り方 165

デザイナー自身は、それぞれのデザイン・プロセスを
どのように捉えているだろうか。大勢のデザイナーが、
エリザベス・アン・ハーマンの質問に答えてくれた。

Q & A　デザイナーの考え方

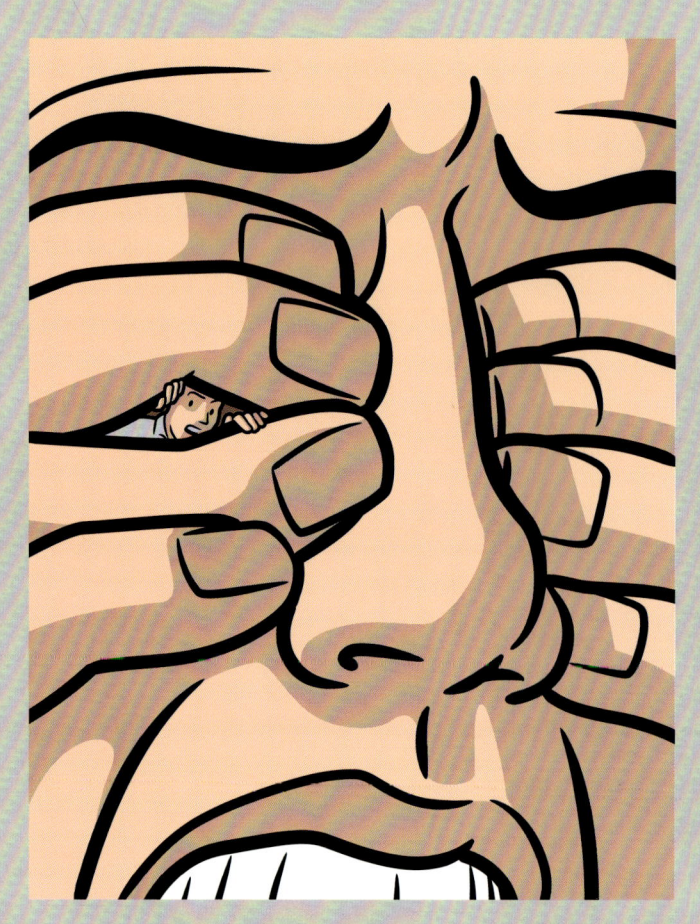

イラストレーション：クリストフ・ナイマン

1つのデザイン・プロジェクトが、あなたのもとへやってくる。
あなたがそのプロジェクトにしっかり目を向けると、向こうもこちらを見返す。
同じ時間を共に過ごすうち、そこに何らかの関係性が生まれる。
しかしときには、プロジェクトの第一歩がなかなか踏み出せないこともある。
まずはデザイナーたちに、課題と向き合いアイデアを出すためのテクニックと
コツを教えてもらおう。

どのように課題と向き合いアイデアを出しますか？

クリストフ・ナイマン (Christoph Niemann)

魅力的なアイデアは苦労とは縁遠いように見えますが、残念ながら私の知るかぎり、アイデアのクオリティは多かれ少なかれ、そこに至る努力や苦悩に比例します。ですから、どのように課題と向き合いアイデアを出すか、という質問は、どのように課題と向き合い腕立て伏せをやるか、という質問と大して変わりません。

　私は、音楽など、気が散るものは一切見聞きしません。参考資料を探しても役に立たないし、本や雑誌を見てもインスピレーションは得られません。ひたすら仕事机の前に座り、紙をじっと眺めます。ときには比較的簡単にアイデアが出てくることもありますが、何年仕事を続けてもこの作業を楽しめるようになれず、ちょっと残念です。

　腕立て伏せと比べると、アイデアを考えるほうが楽だと思えることが、1つだけあります。後者では、少なくともコーヒーを飲むことができます。

アボット・ミラー (Abbott Miller)

プロジェクトについて話をすることで、アイデアを手に入れます。誰かと話し合えば、互いの考え方を知ることができ、どちらも予想しなかったような場所に辿り着くことができます。

ブルース・ウィレン (Bruce Willen)

アイデアを得るまでの過程をテクニックとして捉えることはできないと思うので、この仕事における1つの重要な原則について話すことにします。コラボレーションです。創造のプロセスにとって、これはもっとも重要な要素の1つです。自分以外の誰かと共同で仕事をすると、客観的な視点がもたらされ、いろいろな着想や意見に触れることができます。1人ではそれはできません。たとえエコーのように何にでも賛成し、味方してくれる相手であっても、共同作業をすれば、自分の考えを整理し、良いものとそうでないものを見分けるのに役立ちます。

カリン・ゴールドバーグ (Carin Goldberg)

いつも、頭がおかしくなるほど短い納期で仕事をしているので、重圧以外は感じている余裕がありません。常に時間に追われながら、必死でアイデアを探します。ものすごい勢いでスケッチを描き散らし、何かが閃いたらそれに飛びついて、満足のいくものができるまで狂ったように修正を繰り返します。スケッチブックをベッドの横に置いておくことは忘れません。夜中に目が覚めて大急ぎでアイデアをメモすることも多いからです。仕事中は、テレビをつけておくのが好きです。くだらない騒音が流れていると、気持ちが落ち着き、集中できます。

デザイン：マイク・ペリー

マイク・ペリー（Mike Perry）

自分の中にあるものを吐き出すだけです。アイデアは自然に、あふれるほどたくさん浮かびます。

キンバリー・イーラム（Kimberly Elam）

真の創造性は予測不能です。アイデアの切れ端は、不思議な方法で突然やってきます。そのようなアイデアは一瞬で消えてしまうので、私はつねに何か書くものを手元に置いておき、ふと浮かんだ思い付きや考えや、気の効いた言葉の組み合わせなどをメモしておきます。掘り下げるべき興味深いアイデアがいつやってくるかを知ることはできません。

心と体のつながりを軽く評価してはいけません。すっきりとした目覚めをもたらす睡眠や精力的なエクササイズは、頭脳労働の疲れを癒やしてくれます。個々の要求に応じて創造力を提供しなければならないストレスから一旦自分を解放することが、溜まった疲労をリセットするのに役立ちます。簡単に創造力を得られるなら、誰でもクリエイターになれるはずです。

ポーラ・シェア（Paula Scher）

アイデアは、時と所を選ばずにやってきます。朝目覚めたとき、タクシーの中、会話の最中、美術館の館内。アイデアを探そうとせず、他の物事に関わっているときのほうが、素晴らしいアイデアに出会える気がします。行き詰って何も思い付かないときは、私の場合、気晴らしに出かけるのが一番です。映画を観に行くと良いですね。

マイラ・カルマン（Maira Kalman）

私は、デザインのアイデアは持っていません。私が抱えているのは締め切りです。そしていつも締め切りこそが、イラストや執筆の仕事に取り組むよう私を後押しします。でも、ふらふらと散歩をし、旅行に出かけ、人や建築物やアートなど、あらゆるものを見て歩く時間はたっぷり取ります。本も読むし、音楽も聴きます。そうすると、さまざまな考えや興味が、絶えずあちこちを駆け巡ります。真剣にやる気を出したいときは、散歩に出かけます。そうすればいつも、山ほどのインスピレーションが得られます。

AFRIQUE CONTEM-PORAINE

デザイン：フィリップ・アペロイグ

フィリップ・アペロイグ（Philippe Apeloig）

ポスターやタイポグラフィなどのデザインのヒントは、個人的な生活のありとあらゆる局面で見つかります。私はパリの中心部のとてもにぎやかな地区に住んでおり、周りにはつねに街と人の騒音があふれています。ゴミや汚れも、暮らしを覆う生活の一部です。

　私にとって、プロジェクトはどれも違います。作品には現代舞踊、建築、文学、写真などの要素を組み合わせて取り入れます。あらゆる様式のアートに直に触れたいので、美術館にもしょっちゅう出かけます。何か新しいものを作りはじめるときは、まずたっぷり時間をかけて興味のある新しい書体や形状を観察します。クロッキーやデッサンは、私の制作プロセスに欠かせません。デッサンは私自身の内側から真っすぐ姿を現し、パソコンで何をするべきかを教えてくれます。

　ポスターを制作するときは、まず構図を決定する線を引き、その補助線に沿って文字を配置します。大抵は文字やタイポグラフィからスタートしてイメージに進みます。アイデアを整理するときは、映画の編集テクニックを利用します。つまり、アイデアをいったん細かく切り分け、順番を並べ替えてもう一度つなげるやり方です。ビジュアルとして人々の記憶に刻まれるような的確で力強い構図ができあがるまで、何度でも並べ替えます。

　アイデアを発展させるためには、ひどく入り組んだ迷路を進んでいかなければなりません。適切なコンセプトだけでなく、紙面構成のこともよく考える必要があります。私は、一旦かっちりした構図を作り上げておき、次のステップでそれを崩します。動いているかのような錯覚を与えるポスターが好きです。実際は正確を期して細部まで綿密にデザインした作品であっても、見た目は自然発生的でなければなりません。加えて私は、すでにミイラ化したようなよく知られているものを扱うことも好みません。だからつねに迷っているし、何をやってももっと手を加えたいという衝動に駆られます。

Dear,
This letter is to say that it is over between you and me. I'm so sorry I have to tell you this now. But don't take it personal. I hope we will stay friends.
For some time I have believed, like you, that we would stay together forever. This is over now. Some things you shouldn't try to push. but just leave as they are...
As I find writing this letter very & painful I won't make it too long. I don't have so much time either, because tonight (friday 25 february 2000) I'm going to the preview of a new show by Mattijs van den Bosch, Ronald Cornelissen, Gerrit-Jan Fukkink, Connie Groenewegen, Yvonne van der Griendt, Hine Kramer, Marc Nagtzaam, Désirée Palmen, Wouter van Riessen, Ben Schot and Thom Vink, 8 pm. I think it is at 1e Pijnackerstraat 100; I forgot the exact address, but I'll see. Mattijs, Ronald, Gerrit-Jan, Connie, Yvonne, Hine, Marc, Désirée, Wouter, Ben and Thom are all great friends of mine. We will probably go out afterwards. But this doesn't mean that I don't care about you. I have to go. I'm already late.

goodbye

ROOM invite 210x297 mm
recycled letter

1e Pijnackerstraat 100
NL 3035 GV Rotterdam
T/F 010 2651859
T/F 010 4773880
E roombase@luna.nl

friday / saturday / sunday
1 — 5 PM

ROOM organized by
roos campman / eric campman /
karin de jong / ewoud van rijn
ROEM organized by terry van druten
ROOM thanks to PWS Woningstichting

デザイン：モーリン・モーレン、ダニエル・ファン・デル・ヴェルデン

椅子にもたれて天井を眺めていると、染みや亀裂の形が、
死んだネズミをくわえた毛むくじゃらのイヌのように見えてくるかもしれない。
あるいは遠い国へ旅に出ると、土地の人々が雑穀をすり潰して
塗り薬を作っている姿を見かけるかもしれない。
形の作り方は、人それぞれだ。デッサンを描く、写真を撮る、
素材を切り離し貼り合わせる、あるいは泥汚れを塗り広げるなど、
方法の違いに関わらず、形には作り手の独自のスタイルが現れる。

どうやって形を作りますか？

ダニエル・ファン・デル・ヴェルデン
(Daniel van der Velden)

形について話すなら、私が以前担当したあるプロジェクトのことを紹介するのが良いでしょう。友人たちが設立し経営するアンダーグラウンドのギャラリー、ROOMの案内状です。報酬の代わりにデザイン上の自由を提供する（制約は一切ないが手抜きはしないこと）という申し出に応じて、私は何年かに渡り、彼らのために案内状をデザインしました。架空の手紙に実際の情報を盛り込むというコンセプトでしたが、このシリーズの出来栄えには、今でもとても満足しています。

　この案内状のアイデアの発端は、今から思えば、17歳の頃の思い出です。当時私は、友人たちと他愛ない手紙をやり取りして盛り上がっていましたが、女の子たちが書く手書きの手紙にはときどき、こんな風に大きな丸の付いた「i」と「j」が登場しました。そこから思い付いたのが、典型的な10代の女の子っぽい書き方で別れの手紙を書いたら面白いのではないか、というアイデアです。別れをきっぱりと告げておきながら、最後にギャラリーに誘う内容を盛り込みます。私はパソコンで文章を書き、友人のグラフィック・デザイナー、ヴェネッサ・ファン・ダムに手書きしてもらいました。もちろん、「i」と「j」は大きな丸付きで。この手紙を受け取った人は皆、別れを告げる手書きの手紙を受け取った17歳のような気持ちになりますが、同時に、これを書いた仮想の少女の大勢のアーティスト友達がグループ展を開く予定を知るわけです。

　形ということから思い浮かぶのは、手書き文字が何らかの雰囲気を伝える力を持つことです。ヴェネッサが見事にやってのけたように！　手書きの手紙が廃れてフェイスブックの時代になっても、この手書き文字を見ると、やはりちょっと不思議な感覚に襲われます。好きだった相手が自分に興味を失い離れていくときに、同時に、まだ気にかけるような素振りを垣間見せるわけですから。私自身が当時そういう経験をしたという意味ではありません。でもこの文字が伝える全体的な雰囲気はそれです。イエスとノーが、ここには同時に存在します。

アート・チャントリー (Art Chantry)

なるほど。6年余りの専門教育と35年余りのキャリアを経ても、**形**とは何であるか、私には依然として具体像が掴めません。これは、学問の世界でよく使われながら、実は何の意味も持たない言葉の1つだと思います。いかにも価値がありそうな知的な響きがあり、あちこちで口にされますが、中身は空っぽです。形とは、実世界には基盤を持たない抽象的な概念です。

デザイン：マーティン・ヴェネスキー

デザイン：ジョナサン・バーンブルック

マーティン・ヴェネスキー (Martin Venezky)

私はカリフォルニア・カレッジ・オブ・アーツのフォーム・スタジオ (Form Studio) でクラスをもっています。これは、同校の卒業生全員がはじめて受講する実務研修クラスで、詳しい内容は私の著書『It Is Beautiful…Then Gone』で紹介しています。このクラスのルールは、そのまま私自身の仕事のルールでもあります。

　私は素材を扱う作業を出発点とし、その物理特性に注目します。専用の倉庫にさまざまな素材や道具や画材を集めて保管してあるので、いつでも実験ができます。そこから何らかの成果が得られたら、その素材の特性をデザイン要素として利用できるよう、工夫を重ねていきます。作品作りのコツは、デザイナーが形を組み立てて押し付けたのではなく、まるで素材が自身の内側にあるロジックにしたがって自らをデザインしたかのように仕上げることです。私が目指すのは、花瓶に活けた花のような作品ではなく、庭に生い茂る草木のような作品です。

ルイーズ・サンドハウス (Louise Sandhaus)

形を作るときはどうするか？　うーん…ひたすら、ああでもないこうでもないと頭をひねります。私は形が役割を決めると考えるタイプのデザイナーなので、まず解決すべき課題を特定したうえで、見栄えが良く、なおかつしっかりしたメッセージが感じられる形を探します。気に入ったイメージを素材として使い、それを発展させる方法です。何でもかんでも試しながら私自身のアプローチを探りますが、誰かと共同で作業をするとうまくいくことが多いようです。共同作業では、自分の考えをはっきり伝えなければなりませんから。会話と工夫。それが私のデザインの秘訣です。

ジョナサン・バーンブルック (Jonathan Barnbrook)

形は他の何よりも一番に、新しいイデオロギー、または哲学から発生します。ただの手作業やビジュアル上の実験から形が生まれることは、めったにありません。形は、徹頭徹尾、その作品の意味に関わるものでなければなりません。そこにあるべきは、私が伝えようとする物事と、それを伝えるためのもっとも魅力的な方法です。目新しいだけのビジュアルは、見苦しくなりがちです。

　実際、私はグラフィック・デザインにおける新しい形の役割について、かなりシニカルです。確かに、新しい世代の人々はつねに、世界を再編し、再解釈する必要があります。それは人類が基本的に必要とするものです。しかし私たちはまた、その新しい形があっという間に世の中に広まっていく様子を注視しなければなりません。何ひとつ以前と変わらない形が、新しい形として祭り上げられ、繰り返し人々に売り込まれたりもするからです。デザイナーは、自分たちの創造への欲求がどのように利用され得るかを認識し、賢く振る舞わなければなりません。少なくとも、形の使われ方について、もっと注意深くなれるように。

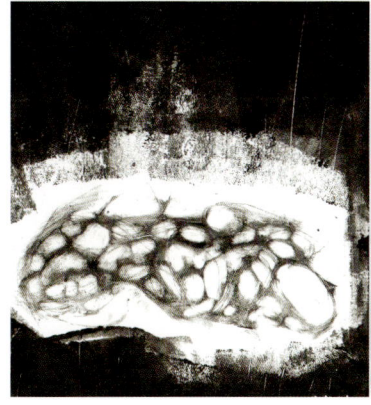

モノプリント版画：ジェシカ・ヘルファンド

ジェシカ・ヘルファンド (Jessica Helfand)

この質問の答えを探している今、私はローマのスタジオで10週間を過ごしています。手元には紙と鉛筆、ワイヤーと粘土、油絵具とアクリル絵具、そしてデジタルカメラがあります。特に予定はなく、今までにない新しいアプローチで制作に取り組むだけです。ですが、まったく今までと違うわけではありません。私は10年近く絵を描いてきましたが、このような環境で制作したことはありません。私は形というものの背景にあるすべての付加的要素を剥ぎ取り、原点に立ち返ったところです。つまり、線です。

線の引き方を、どうやって決めますか？ 線を引き始める場所はどこですか？ そこからどこに向かいますか？ そして、どこかに進んでいくとしたら、どこでその線を終わらせ、ただの線ではない別のものに見立てていきますか？ 画面はいつまで2D空間ですか？ いつからどのようにしてそれが3D空間になりますか？ 線が途切れ、変化し、移動し、本来の役割から逸脱して別のものになったら何が起きますか？ どのポイントで、私たちはその線を単なる抽象的な線以上の何かとして認識するでしょうか？

私にとって線は、今もなお、形を作るためのもっとも原始的で基本的な構成要素です。先日私は1週間かけて、色彩の習作を作りました。この冬のはじめ（2010年）にインドで見たさまざまな色を大まかに下敷きにした習作です。大胆で鮮やかな、普段目にしない類の（どんな衝撃にも耐えそうな）配色なので、私は整然と規則的に色を塗り、色と色のすき間に線を引いて、境目をくっきりと彩りました。ある日1人の女性がアトリエを訪れ、私が成人後の大半の時間をイェール大学で過ごしていることを踏まえて、肩をすくめながらこう言いました。「あなたの手法からは、アルバースの影響を取り除く必要があると思います。」しかし、おそらく説明の必要はないでしょうが、アルバース（バウハウス出身のアーティスト、イェール大学デザイン学部長）はこの習作に何ひとつ影響を与えていません。

これは、形を作るということについて、別の問題を提起する出来事です。広く認められる仕事をするためには、他のアーティストの作品をコピーし、それを手本とするべきか、という問題です。私は本や美術館でさまざまな作品を見るのがとても好きですが、個人的には、アトリエで制作するときはそのようなアプローチを取るべきでないと感じています。フィリップ・ガストンがこのシンドロームについて評した言葉は名言です。彼は、真の仕事を成し遂げるためには、その前に頭の中にこだまするすべての「声」を取り除くべきだと述べています。特に覚えている言葉を引用しましょう。「誰も見ていないとしたら、どのような種類の仕事をしますか？ 取り組むべきは、その仕事です。」

ドヤルド・ヤング (Doyald Young)

最初に断っておきたいのは、私の考えではこの質問に明確な答えを出すことは不可能だということです。アーティストは、何よりも先に形を決めなければなりません。形を決

デザイン：キートラ・ディーン・ディクソン、J・K・ケラー

キートラ・ディーン・ディクソン
(Keetra Dean Dixon)

めるのはおそらく、作り手の美的センスです。

　業界用語では、満足な画線を描けず見劣りのする作品は、形が悪いと表現されます。形というテーマを哲学的に掘り下げたいなら、ジョージ・サンタヤーナ著『The Sense of Beauty』(1896年) を読んでください (彼自身は後年これを駄作と呼びましたが)。あるいは、何かが他の何かよりも美しいと考えるときの理由を自問してみてください。何かが望ましい美しさに達していないと考えるときの理由でも良いでしょう。どうしてジョン・シンガー・サージェントが描く肖像画はエレガントで、ため息が出るほど美しいのか？

　私自身は、対象物を2Dで、できるだけ丁寧に描くことだけを続けてきました。作品の出来を決めるのは、私が何を美しいと思うかです。世間にはひどく見苦しいフォントが、あまりにもたくさんあります。何がそれらを見苦しくしているのか？　そうですね、私はあなたの質問に全然答えていません。ただ1つ言えるのは、あらゆるマーク・ジェイコブスのデザインは私にとってまるで美しくないことです。ああいうわざとらしさからは離れてください。

　私は、請け負い仕事とは別に、形を作るというテーマでアイデア出しから制作までの通し練習をしたり、さまざまな素材の使い方を試したりして、試作や実験を定期的な間隔で行っています。そうすると、予想もしなかったような発見があります。たとえばパソコンで、ソフトウェアを本来の用途とは違うやり方で利用するという、言わばルール破りの実験を、私は夫のJ・K・ケラーに協力してもらいときどき行います。中でも気に入っているのは、JavaスクリプトとIllustratorを組み合わせ、既成の効果やフィルタを応用して、通常の使い方では作れない形を作る実験です。

　形に関する実験では他に、素材を物理的に処理する方法も好きです。手順を決めて特定の素材を加工したら、その後は一切手を加えずに一定期間待って、何らかの作用を進行させます。そして、その結果をそのまま活かしたり、不要な要素を削ったりして、作品化します。最近もJ・Kと私はこの実験を行い、タイポグラフィの彫刻を制作しました。これは、文字の周囲にワックスの薄層を何十回も塗り重ねた3D文字で、完成までに1ヶ月かかりました。

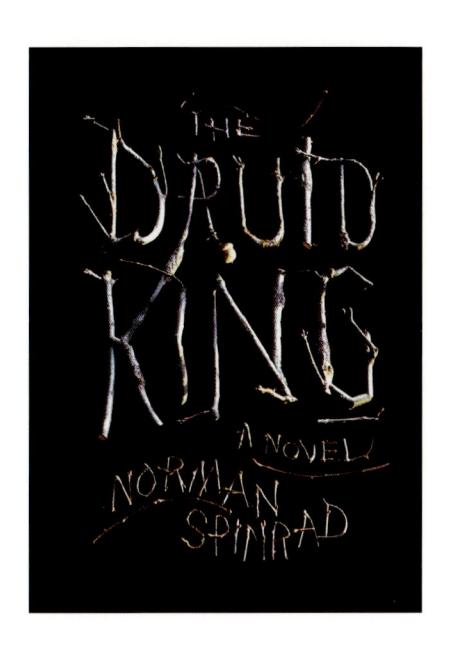

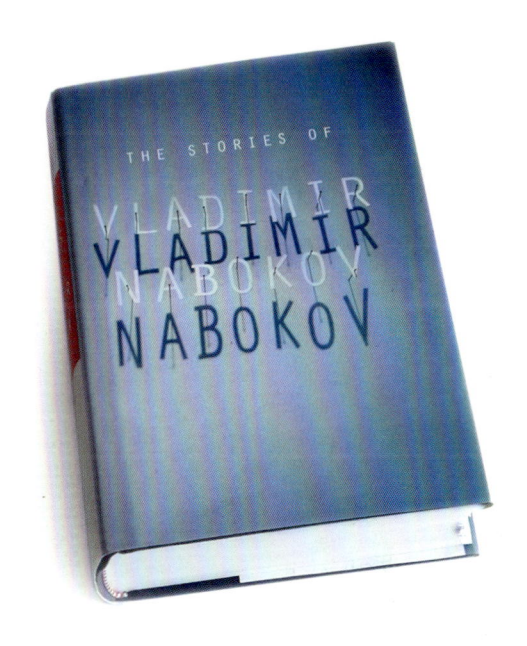

デザイン：スティーブン・ドイル

スティーブン・ドイル（Stephen Doyle）

正直に言って、このような自由回答形式の質問にはどう答えれば良いかわかりません。何か思い付くとしたら、本を1冊書くことくらいです。しかし、自分で本を書くより、誰かが書いた本を細かく切って並べ替えたりするほうが、私には似合うでしょう。私の思考の出発点は言語です。文字や字形ではなく、言葉です。なぜなら、文字や字形はあまりに抽象的だからです。文字は音を表すためのシンボルであり、いくつかの文字が一列に連なってひとかたまりの発音が形成されると、それが物体や概念を表す言葉になります。私が考えたいのは、その言葉が実世界に入り込み、その一部として存在し得る方法があるかどうかです。実世界では、あらゆる物体が影を落とし、物理的な性質を持ちます。私は、本来抽象的なものである言葉に物理的な性質を与え、目の前に広がる実世界の一部として存在させる手法に惹かれます。しかしそれは、私が形を作るときの手法ではなく、プロジェクトに向き合うときの考え方、あるいは私自身のために何かを制作するときの手法です。形について考えるとき、私はよく、手始めに紙を折ってみます。その紙には言葉が書かれていることが少なくありません。

デザイナーの考え方

FRÉMONT PEAK ST. PARK, San Benito County, California, March 6, 2008

Approximate *Location* of the INCIDENT AT

GAVILÁN
PEAK

WHERE UNITED STATES FORCES RAISED THE AMERICAN FLAG, DISOBEYING MEXICAN AUTHORITIES ON MARCH 6TH 1846

California HISTORICAL LANDMARK No. 181

HISTORIA No. 1 NUMBER ONE IN A SERIES OF 13 LABELS

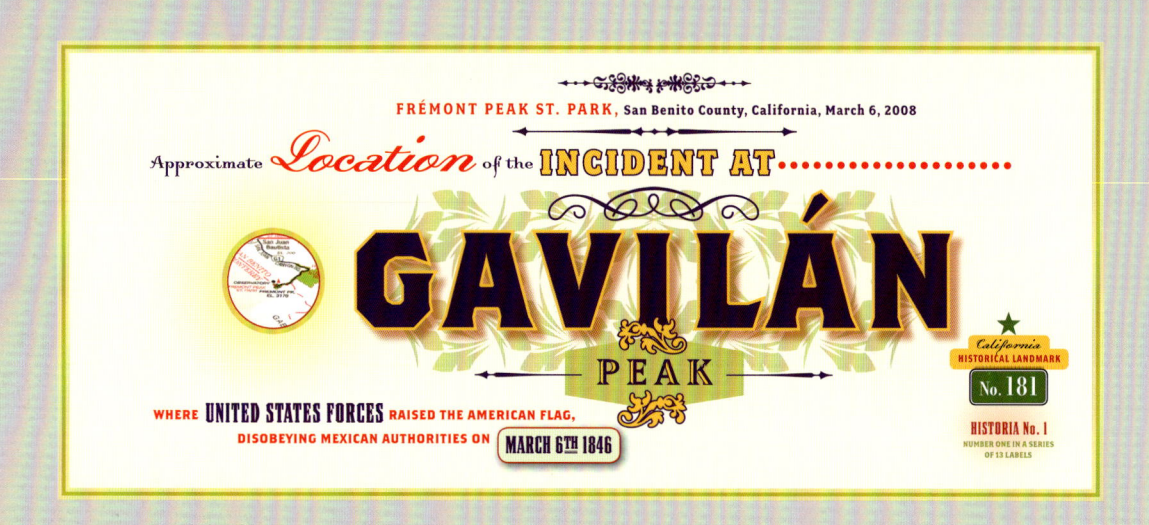

HISTORIA No. 13 NUMBER THIRTEEN IN A SERIES OF 13 UNIQUE LABELS

CAMPO DE CAHUENGA
NORTH HOLLYWOOD
LOS ANGELES COUNTY, CALIFORNIA,
JAN. 13TH, 2007

LOCATION for the signing of the

3919 LANKERSHIM BLVD.

Treaty of Cahuenga

BETWEEN THE UNITED STATES OF AMERICA AND MEXICO
ENDING HOSTILITIES IN *Alta California*
SIGNED BY CAPT. JOHN C. FRÉMONT AND GOVERNOR ANDRÉS PICO ON
JANUARY 13TH, 1847

California HISTORICAL LANDMARK No. 151

デザイン：ルディ・ヴァンダーランス、エミグレ社

おそらくあなたが得意とするのは、作ることだろう—それも、たくさん作ることだ。
しかし、情報を詰め込んだPDFファイルを50ページも用意して
提案するようなやり方は、良い方法ではない。
デザインの選択肢を大量に作り過ぎて
手に負えなくならないよう、取捨選択が必要だ。
成功のカギは、良いものだけを選び出す作業にある。

アイデアを編集するときは
どのようにしますか？

ルディ・ヴァンダーランス（Rudy VanderLans）

この質問を聞いて、アイラ・グラスの言葉を思い出しました。意欲的なデザイナーは、まず良いデザインを見分けることができるようになり、それから長い時間を経て、ようやく良いデザインを作る方法を身に付ける、という言葉です（これは文章に関するコメントでしたが、あらゆるアートに共通です）。良いデザインを見分けるところから、実際に良いデザインを作るに至る道のりに、近道はありません。練習の積み重ねと、たくさんの編集が必要であり、そうやって少しずつ、時と共に良いものが作れるようになります。幸運な人は、決して自分の仕事に心から満足することはないでしょう。満足できるとしたら、それはおそらく自分自身にチャレンジしていないからです。

　ここのところ私は書体の見本帳を制作していますが、内容が複雑に入り組んでいるので、仕事を進めながら、どう編集すれば良いかをずっと考えています。正直、私の頭の中でどのように取捨選択が行なわれているかを説明することはできません。その意思決定の仕組みは、私にはまったくの謎だということがわかるだけです。質問には答えが必要だという理由だけで気の効いた答えを探すことをしないのも、編集の1つの形です。

　明らかに、デザインと編集は同一の作業です。何かをデザインするとき、私はそれが何かの意味を持ち、好ましい外観を獲得するまで作業を続けます。そして、あと少しでも手を加えたら悪化してしまう直前で手を止めます。しかし、長く仕事を続けるほど、この作業は難しくなります。つねに自身の内に自然に湧き上がってくる感覚を探し求め、それをあるがままに捉えて表現する力量を持たなければならないし、今何が流行しているかを完全に理解しながら、その流行に引きずられない姿勢を保たなければなりません。それがすべてできれば、何とか世の中に発表できる程度の作品は作れるのではないでしょうか。

デイヴィッド・バリンガー（David Barringer）

どうやって編集するか？　夢を描きます。あるいは行き当たりばったりでやります。あるいは試行錯誤を繰り返します。あなたが特定のイズム（モダニズム、ポストモダニズム、リアリズム、インターナショナル・スタイル、デ・ステイル、ポール・ランド派、バウハウスなど）の支持者なら、取捨選択の判断という難問も、剣の一振りで解決できるでしょう。言い換えれば、あなた自身の判断は放棄して、既存のルールを守れば良いということです。一般的なルールを個別のデザインに当てはめる試み（法律家が法律を個々の事例に当てはめるように）は必要ですが、あなたがそのルールに対して疑問を抱く必要はありません。

　私自身は、どんなイズムも支持していません。つまり、

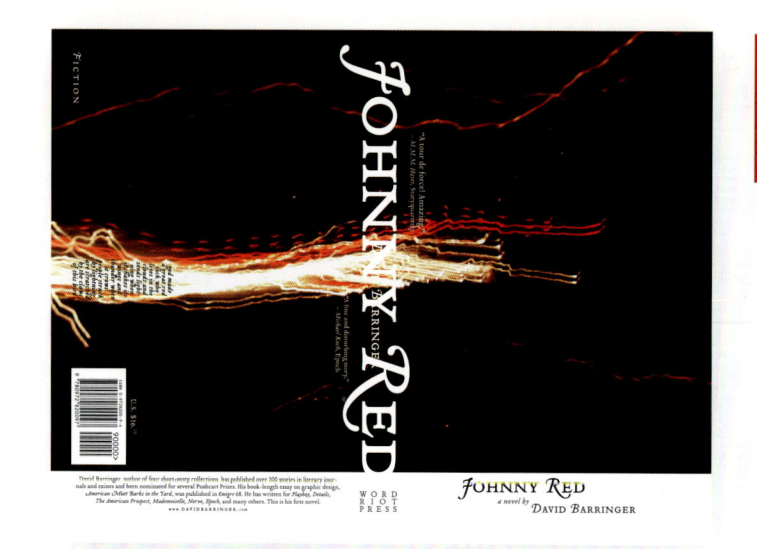

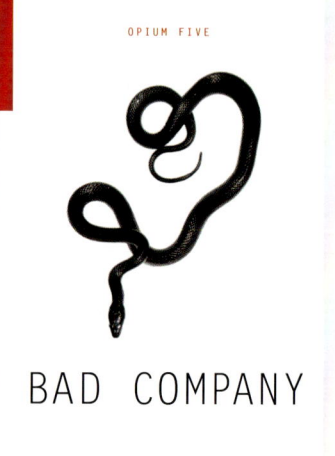

デザイン：デイヴィッド・バリンガー

　私は法律家でも裁判官でもないし、立法者でも哲学者でもないということです。だから私はルールを変えることができ、ポリシーを変えることができます。進行中のデザイン・プロジェクトのコントロール・システム全体を変更することができます。意思決定権が自分にあり、とても自由ですが、大きな苦難も伴います。やらなければならない仕事がたくさんあります。ときには相反する価値の板ばさみになります。決断ができず途方に暮れることもあります。

　ですから私は、さまざまな思考テクニックと、ちょっとしたコツや戦略を自分のために用意しています。たとえば、ブックカバーをデザインするときのルールはこうです。まず目標として、本の内容の一部を象徴的に表現し、全体の雰囲気、文章のトーン、書物のジャンル、登場人物の世界観、舞台設定などをデザインに反映することを目指します。そこが出発点です。続いて、自分自身に何らかの枠組を与える方法をあれこれ探ります。明文化されたルールがなく、ツールにも制約がないので（斧で木を切って文字を作るとか、自分の胴体にペイントするなど）、ここまでが限界と定める枠組を見つけなければなりません。そのような枠組は、本の内容を基準に設定します。たとえば、すべて手作業で制作する抽象的なモノクロのビジュアル、という枠組や、奇をてらわない写真とコラージュと左揃えの文字、という枠組や、マンガっぽい派手な色使いと歪んだ視界、という枠組など、何でも構いません。いずれにしても、そういった枠組があると、一定の雰囲気やスタイルや世界観の中に身を置いて制作を進めることができます。

　可能性は、時と共に揺らぎながら私の想像力の及ぶ限り遠くまで広がっていきますが、現実的な問題は、そこに限界を定めるのに役立ちます。そして、限界を設定しようとして足元に目を落とし、置き忘れていたものを見つけることもあります。他に、デザインの第一歩を踏み出すための価値基準はあるでしょうか？　時としてそれは、ただの気まぐれな思い付きだったりもします。急に写真を使ってみたくなるとか、今までやったことのない手法に挑戦してみたくなるなどです。たとえば本の内容が、被害者を絞め殺すパン屋のことを描いた殺人ミステリーなら、編みパンで文字を形作ってみようなどと思い付くわけです。

　本の内容からインスピレーションを得て形を探し、描画空間やツールに限界を定め、現実的な問題に対処していく作業を楽しく続けていくうちに、いくつかのカバー案ができあがります。集中力を要する制作段階が過ぎたら、一息ついて椅子に座り直し、考案したばかりの数通りの、あるいは数十通りのカバー案を見返します。テーマや雰囲気や素材や描画空間に、たくさんのバリエーションがあ

ります。ここで必要になるのが編集です。ごちゃごちゃとひしめき合う案を間引きしなければなりません。

　簡単な作業ではありませんが、歯が立たないほどではありません。パーフェクトな案はすぐに目に飛び込んできますが、それがない場合は、結局はどれもうまくいきません。こういうことは、候補案が30通りくらいある場合によく起こります。次々に候補案を作り続けるということは、何を描いても満足できなかったということだからです。しかし数通りの案しかないときでも、さまざまな理由をつけて却下を繰り返した結果、異論が出にくい案、言い換えれば、中途半端で精彩に欠ける退屈な案が残ることもあり得ます。

　優れたブックカバーは、本の主題や内容と結び付き、それらを文字通りに表すのではなく象徴的に表し、何通りもの解釈に対応できます。人々はその本を手に取って表紙をよく見ようとするだけでなく、本を読み終えたときにもう一度表紙を眺め、味わうことができます。デザインとは要するに、そういうものです。完成作品のクオリティがすべてであり、それは実際、取捨選択の判断をするための実際的なルールとは別物です。完成作品のクオリティが理解できても、それは完成度の高い作品を作る作業には役立ちません。遠くから、霧が立ちこめた山の稜線を眺めているようなもので、その景色は、山頂に行き着くための最良の道を判断するのには役立ちません。そこに至るためには、上述のあらゆる作業を手間暇かけてやる必要があります。それでも結局、別の山に辿り着く可能性や別の霧の中に迷い込む可能性は消えません。

　一番の基本は何か？　私は、夢を描きます。

エリック・シュピーカーマン (Erik Spiekermann)

プロジェクトの戦略を立てる段階で、私たちは自分たちの仕事を評価するための価値基準を設定し、いくつかの簡潔な形容詞に要約します（「ダイナミック」と「ユーザーセントリック（ユーザー中心の）」は誰もが望む価値基準なので、ここではあまり役に立ちません）。そして、それらの価値基準に照らし合わせながら、自分たちの仕事がそのブランドにとって必要なものと一致しているかを問い続けます。先日私たちは、有機製品を幅広く取り扱う、チェーン展開のスーパーマーケットのリブランディングを行いました。価値基準として設定した形容詞は「意義のある、生命力に満ちた、シンプルな、本物の」です。こういった価値基準は、デザインの現場でとても役立ちます。味も素っ気もない退屈な作品を作らずに済みます。

　クライアントが価値基準を特に提示してこない場合は、自分たちで設定します。その際は、市場でどのような競争が展開し、クライアントはどのような位置付けにあるかを検証し、現行のデザインのスタイル、クライアントの要望とその実現の可能性（両者は相容れないこともあります）に注目します。そして、最終的には自分たちの経験に基づいて、クライアントの現状認識の度合いをはかりながら、彼らの要望と、私たちから見て彼らに必要だと思う物事とのギャップの大きさを判断します。多くの場合、クライアントが用意したプロジェクト仕様書は使わず、突っ込んだ内容の質問を列挙して提示し、そこから話を進めたほうがうまくいきます。ときにはそれで取引が中止になることもありますが、そこから関係がスタートすることもあります。

ジョージアナ・スタウト (Georgianna Stout)

一部の大掛かりなブランディング・プロジェクトでは、スタジオ全体を挙げてシャレット（短期集中型の共同作業）を行います。そうすると、スキルや専門分野の異なる大勢のデザイナーがロゴのデザイン案をどんどんスケッチしていくので、大抵は、壁がぎっしり埋め尽くされるほどたくさんの案が出てきます。良い案もあれば、そうでないものもありますが、多くの場合、より秩序だった標準的な方法でアイデアスケッチを行ったら思い付かないような、あるいは途中で却下されそうな、意外性のある案が出てきます。そうしたら、通常はグループで話し合いを進めながら、それらの案を妥当な数に絞り込み、さらに改良を重ねていきます。私がデザイン案を取捨選択するときの一般的な基準は、何よりもまずプロジェクトの内容を反映していることと、グラフィック的な力強さを持っていることです。特定のクライアントに合う案かどうかを判断するのは、ある種の内的な認識（言わば本能的な直観）ではないかと思います。また、候補案には、意表を突くような新しい案を含めたいという願望もあります。

デザイン：ルーバ・ルコーヴァ

アイヴァン・チャマイエフ（Ivan Chermayeff）

デザイン案を1つだけ選ぶための唯一の判断基準は、デザインそのものの素晴らしさです。的確で、創意に富み、際立った特色を持っていることが必須条件で、加えてシンプルで複製しやすければ、より歓迎です。また、多様なメディアに応用できることも大事で、その場合は色使いなどの条件に変更があっても対応できなければなりません。

デザインの過程でもっとも重要なのは、いろいろな指示に簡単に応じないことです。編集とは、反論に次ぐ反論を意味します。あなたが本当にそれで良いと納得できるまで、違うと言い続けなければなりません。目の前の問題を解決するとは、そういうことです。良くない解決策や単に妥当なだけの解決策を受け入れてはいけません。

それに続く問題も、同じくらい難題です。これだと思うデザイン案を了承してもらい、どのように実用化するべきかを伝えなければなりません。そのためには、提案方法を工夫することも必要です。

ルーバ・ルコーヴァ（Luba Lukova）

私はいつも、さまざまなビジュアル情報を手に入れ、積極的に吸収する方法で、十分にリサーチを行います。次に、吸収した情報をふるいにかけ、下準備としてのスケッチをはじめます。私は制作プロセスの中でもこの部分が特に好きで、時間の許す限り、いつまででも描き続けます。総じて、一番良いのは最初のアイデアです。シェークスピアの演劇のポスターなど、プロジェクトのテーマを心から好きになれるときは、最初のアイデアが一番だと確信していても、他の案をいろいろ探したくなります。テーマにどっぷりと身を浸すのが、純粋に楽しいからです。

ケン・バーバー（Ken Barber）

編集の段階まできたら、私はプロジェクト仕様書を基準に判断をします。完成作品には明確な目的と、コンセプトの一貫性と、見た目の美しさが求められますが、既定のルールに従えば、判断がしやすくなります。上記の要件を満たしていて、なおかつ実用化したときに問題がなく、クライアントのニーズに応じているアイデアは、事実上自動的に審査を通過します。私の場合、編集プロセスの中に意識的な部分は少なく、多くを占めるのは長年の経験に基づく自身の内的な対話です。

私の編集プロセスは、非常に私的なものです。直観と論理的思考をフルに使います。私は、完成度が高く、しかし実際のプロジェクトには使わなかったスケッチを、アーカイブに保存しています。そういったスケッチから、別のプロジェクトのアイデアが閃くことも多いからです。その意味で、制作プロセスは完成作品よりも重要です。将来役立つに違いない新しい物事を学ぶからです。

クライアントに提案するデザイン案は3通りくらいです。大抵の場合クライアントは、私が一番良いと思う案に同意してくれます。馴染みのクライアントには、スケッチブッ

HOUSE INDUSTRIES
ジラール・スラブ・ナロー・ライト

PHOTO·LETTERING
ウエスト・バーナム

CX CHAMPIONSHIP
ジラール・スカイ

J. Irwin Miller House
ジラール・スラブ・レギュラー・ミディアム・オブリーク

AIRWAY
ジラール・スカイ

Alexander Girard
ジラール・スラブ・ヘビー

Columbus, Indiana
ジラール・スラブ・レギュラー・ミディアム

SANTA FE
ジラール・スラブ・ワイド・ライト

書体デザイン：ベン・キエル、ハウス・インダストリーズ社、ウエスト・バーナムのデザイン：デイヴィッド・ウエスト、フォトレタリングのデジタル化：ベン・キエル

クを1冊丸ごと見せてしまうこともありますが、それは稀です。方向性を見失うと困るからです。デザイン案を1つだけ、完成形に近い状態で提案したことは2〜3回ありますが、それはうまくいきました。自分の中に、これで決まりだ、という気持ちがあり、別の案を付け加えてクライアントを混乱させるのは余計なことだと思ったからです。クライアントに会うときは外交家として振る舞い、彼らの選択が私の気持ちと一致していると思ってもらえるよう心掛けます。しかし、つねに自身の仕事ぶりを問うことは大事で、職場の清掃員の女性に意見を求めることもあります。私の言わんとすることが伝われば、正しい道を歩んでいるかどうかがわかります。

ベン・キエル (Ben Kiel)

私は書体デザイナーです。書体デザインでは、表立っては言われませんが、デザインの作業そのものはプロジェクト全体の5％程度であり、残りの95％は、その5％の結果を実用化し量産するための作業です。したがって編集にも2つのモードがあります。1つは最初の5％の作業について、もう1つは残りの95％の作業についてです。

　第1モードの編集では、リサーチ、検証、スケッチを行います。そこでは何よりもまず、その書体がどのような役割を果たすべきかを問わなければなりません。その答えが、編集のプロセスのゴールです。クライアントに関する情報や、フォントの用途などをよく考え、何が求められ

ているかを漠然と思い描いた状態でスタートします。過去の事例を調べ、アイデアをスケッチします。これが第1モードの編集ですが、実際は情報とアイデアを拾い集める作業です。

　続いて、集めたすべての情報を取捨選択する作業に進みます。ここでは思考を遊ばせ、多くは専用のツールを使って、どのようなデザイン・スペースが利用できるかを探ります。たとえばSuperpolatorなどのソフトウェアでトライアル版のフォントを加工してみると、アセンダ、ディセンダ、セリフ、カウンターなどの高さや幅や開き具合をどの程度にすれば良いかがわかります。この作業の目的は、私が利用できるデザイン・スペースの限界を見定めることです。何がうまくいかないかを知ることは、何がうまくいくかを知ることと同じくらい（それ以上ではなくても）重要です。どのバリエーションが有効かを判断するときはつねに、そのフォントの使い道は何か、という基本に立ち返ります。そして、試行錯誤を繰り返します。次々にアイデアを試し、あるものは却下し、あるものは別の案と組み合わせて、この書体はこう仕上げるべきという有効なモデルが現れるまで試作を続けます。

　通常、私は制御文字を使ってこの作業を行います。そうすれば、すべてを描いて試す必要はありません。この編集の作業は言わば実験であり、パスタを壁に投げて茹で加減を確かめるように、上手くいきそうなアイデアをすべて壁に投げ、どれが壁に貼り付くかを見届けます。そう

すると、フォントにどのような機能と外観を持たせれば良いかを明らかにする簡潔な指標ができあがります。この指標を次の段階に持っていって制作をはじめることが何よりも重要です。そうしたら、作り上げたモデルを基準に他のあらゆる要素を決定していき、フォントファミリーを完成させます。この編集プロセスは、設計図をチェックして、型に合わない部品を取り除くような作業です。設計図にはすべてが記述されているわけではないので、書体が図面の真意に沿っていることは必要ですが、完全に一致する必要はありません。

スティーヴン・ヘラー（Steven Heller）

まず、編集という言葉の意味を整理しましょう。

1. デザイナーとして：課題に対する解決策の中で、特に良いものと特に悪いものを選別し、自身で分析すること。
2. ライターとして：文章を読み直し、全体の流れや構成を整えること。
3. エディターとして：他の人々に執筆を依頼し、原稿の良い部分を抜き出し、批評を加えること。

　ここしばらく私は、1番の意味での編集から遠ざかっていますが、紙面をデザインするときはいつも、自分自身に2〜3の選択肢を与えます。そして、子供が遊ぶときのように紙面の構成要素を好き勝手にぐるぐると動かし、満足のできる結果を探します。

　2番の編集では、文章を書き、削り、移動し、さらに書き足します。これはデザインに似ています。単語や句は、パズルのピースでもあります。私は単語を、文字でできたブロックと考えています。

　3番の編集は、概して一番簡単です。私は誰かが書き終えた文章を読み、筆が滑っているとか、説明が足りないとか、構成が甘いなどと評価します。基本的に、良いライターなら良い文章が書ける、と私は信じており、あとは私がそれを出版したいと思うかどうかです。

　編集に際して、意識的に特定の判断基準を設定することはありません。頼りにするのはある種の慣習ですが、新しいアプローチに対してはオープンであるよう心掛けます。通常は、本能に従います。

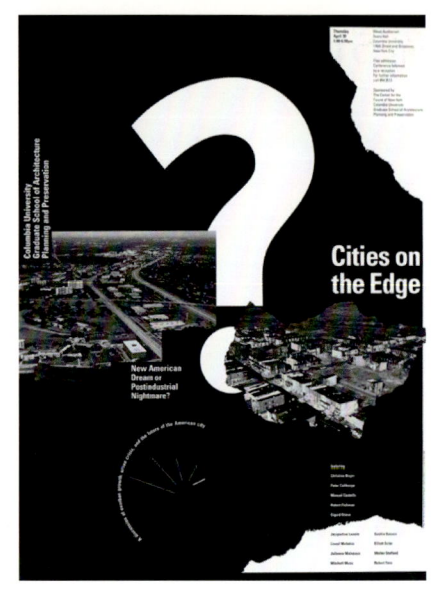

デザイン：ウィリー・クンツ、クライアント：コロンビア大学大学院建築学科都市計画環境保全学部（GSAPP）

ウィリー・クンツ（Willi Kunz）

編集の段階に至るまでに、私のすべてのデザインは3つの局面を通過します。アイデアスケッチ、一次デザイン、カンプ制作です。したがって、一連のプロセスが終わる頃には個々のデザインの長所と欠点がよくわかるようになり、クライアントの期待に沿う出来かどうかも判断できるようになります。同時に、特定の課題を解決するための条件も明確になるので、選ぶべき案はほぼ決まってきます。

　私は最有力案を1つ選びますが、クライアントの考え方や目的がこちらとずれていて予想外の反応を示されることもあるので、別案も選んでおきます。この2番手には必ず、1位の案との互換性を持たせます。クライアントが双方の一部分を気に入った場合、組み合わせられるからです。しかしそれは稀だし、できるだけ避けたいケースです。

　編集の作業に行き詰ったときは、妻に相談します。彼女はデザイナーではありませんが、彼女の評価は問題解明に役立ちます。しかし最終的には、私自身の直観に従います。

索引

人名・社名

数字
2×4社　　38-41

ア
アート・チャントリー　　171
アイヴァン・チャマイエフ　　180
アボット・ミラー　　167
アレックス・F・オズボーン　　5, 16, 74
アン・リウ　　12, 26, 28, 41, 46, 86, 106, 120-121
アンドリュー・ブラウヴェルト　　126
ヴァージニア・ササー　　65, 82, 84, 129
ヴァレリー・ケイシー　　18
ウィリー・クンツ　　182
ウェスリー・スタッキー　　10, 48, 50, 54, 78, 92, 107
エリザベス・B.-N・サンダース　　96
エリザベス・アン・ハーマン　　107, 144, 146, 154, 156-158, 166
エリック・シュピーカーマン　　56, 179
オリオール・アルメンゴウ　　22, 105

カ
カリン・ゴールドバーグ　　167
キートラ・ディーン・ディクソン　　174
キンバリー・イーラム　　168
クリス・マッキャンベル　　10-12, 24, 30, 36-37, 50, 52, 75, 80, 93-94, 123, 140, 142
クリスティーナ・ビアード　　10, 93-94, 116
クリストフ・ナイマン　　166-167
クリストファー・クラーク　　100-102, 148, 150, 160-164
ケン・バーバー　　180

サ
ジェシカ・ヘルファンド　　173
ジェニファー・コール・フィリップス　　6, 16, 62, 132, 136
ジゼル・ルイス-アーチボールド　　98
ジョージアナ・スタウト　　38, 40-41, 179
ジョナサン・バーンブルック　　172
ジョン・ビーレンバーグ　　20
スティーヴン・ヘラー　　182
スティーブン・ドイル　　175
スピサ・ワタナサンサニー　　10, 48, 77, 88, 90, 100, 106, 134-135, 148

タ
ダニエル・ファン・デル・ヴェルデン　　170-171
チャーリー・ルーベンスタイン　　6, 8
チャールズ・S・パース　　88
チャールズ・モリス　　88
デイヴィッド・バリンガー　　177-178
トゥールミックス社　　22, 24, 104-106
トニー・ブザン　　22
ドヤルド・ヤング　　174

ハ
バリス・シニクサラン　　99
フィリップ・アペロイグ　　169
フェラン・ミトジャンス　　22, 104-105
ブルース・ウィレン　　167
ベス・テイラー　　12, 16, 25, 68, 70-71, 75
ベン・キエル　　181
ポーラ・シェア　　168
ポントーン・ヒランブルエク　　152

マ
マーティン・ヴェネスキー　　113, 140, 172
マイク・ペリー　　168
マイラ・カルマン　　168

ラ
ライアン・ウルパー　　138
ライアン・シェリー　　10, 50, 54, 73, 78-79, 92, 107, 134
ルイーズ・サンドハウス　　172
ルーバ・ルコーヴァ　　62-63, 65, 86, 180
ルディ・ヴァンダーランス　　176-177
ローレン・P・アダムス　　11-12, 25, 28, 30, 32, 35-37, 56, 68, 70-72, 74, 76, 93-94

用語・名称

英数
2Dの詩を3D化したポスター　　142
『Applied Imagination』　　16
FABのビジュアル・アイデンティティ　　134

あ
アーツ・エヴリィ・デイ　　58
アイコン　　7, 88-91
アイデアの動かし方　　75
アイデアの出し方　　61
アイデアを出す　　7, 10
「アセラ・エクスプレス」　　86
あらゆる分野であらゆるヒントを　　7, 78-81
あらゆる分野であらゆるヒントを得る方法　　79
いつもと違うツール　　148-155
いつもと違うツールの使い方　　149
異文化間の対象客　　104
イメージ素材　　66
インスピレーション　　160, 167
インタビュー　　6, 15, 26-29, 96
インタビューの進め方　　27
インデックス　　7, 88-91
ウォーカー・アート・センター　　126
エスノグラフィー　　26
屋外環境に作品を持ち出す　　144
屋外展示　　144-147
屋外展示の行い方　　145
オルタナティブ・グリッド　　7, 120-125
オルタナティブ・グリッドの作り方　　121

か
買い物弱者の問題　　34
カギのビジュアル・リサーチ　　41
架空のメガネ　　18
火星のビジュアル・リサーチ　　40
課題の見極め方　　15
課題を見極める　　6, 8
形の作り方　　113
形を作る　　7, 11
記号の3大要素　　89
記号論　　88
強制連関法　　7, 68-73
強制連関法の行い方　　69
共創　　7, 13, 96
共同作業　　4, 15, 92, 167, 172
組み立てキット　　7, 126-131
組み立てキット式のデザイン手法　　127
グラフィミ　　99
ケアズ・セーフティ・センター　　32
現地調査　　7, 50-55
現地調査の行い方　　51
コ・クリエーション　　7, 13, 96-99
コ・クリエーションの行い方　　97
コ・デザイン　　96
コア・チャレンジ　　18
コインランドリー　　70
コラボレーション　　11, 92-95, 167
コラボレーションの進め方　　93
コンセプトのプレゼンテーション　　108-111
コンセプトの利点をより明確に伝える　　110

さ

さまざまな心理状態の視覚表現	66
視覚のダジャレ	73
思考テクニック	6, 15-16, 113
自己肯定感を高める経験	98
実物大のサンプル	7, 11, 136-139
実物大のサンプルの作り方	137
「じゃじゃ馬ならし」	62-63
修辞的（レトリック）表現	82-87
修辞的にデザインされた椅子	84
自由連想法	20
情報の視覚的分析調査	38
書誌データを使ったポスター	122
書体を作る	154
シルバー・オーク	138
新聞の紙面レイアウト	118
シンボル	7, 88-91
スプリント法	7, 114-119
スプリント法の行い方	115

た

代表的な修辞技法	83
多目的型の道具	72
ダラー・ストア・ミュージアム	106
「誰もいない国」	65, 86
短距離ダッシュ法	114
通路の壁画、「リインヴェント」	94
ティーバッグのパッケージの試作品	44
デカンストラクション	158
テクスチャラクティブ博物館	24
デザイナーズ・アコード	18, 58
デザイン・プロセス	4, 6, 166
デザイン思考	5
デザイン仕様書	56-59
デザイン仕様書の作り方	57
デトロイトのアニメーション	130
トイレットペーパーを用いたトレース画	152
動作動詞	7, 10, 74-77
動作を実演するアイコン	76

は

ハートランド・エッグス	150
ハイチ・ポスター・プロジェクト	80
外れの思考	20
反復法	156-159
反復法の行い方	157
ビジュアル・ダイアリー	7, 100-103
ビジュアル・ダイアリーの始め方	101
ビジュアル・ブレインダンピング	7, 10, 62-67
ビジュアル・ブレインダンピングの行い方	63
ビジュアル・リサーチ	7, 38-41
ビジュアル・リサーチの進め方	39
ビジュアル言語の再構築	7, 160-165
ビジュアル言語の再構築方法	161
ビヘイビア	132, 136
フィールド・リサーチ	26
フォーカスグループ	7, 15, 30-37, 96
フォーカスグループの行い方	31
フォーク・アートの習作	162
複数言語での表現	104-107
複数言語での表現方法	105
物理的思考の進め方	141
物理的な思考法	7, 140-143
物理的な性質	140
ブランド言語	132-135
ブランド言語の作り方	133
ブランドブック	46-49
ブランドブックの作り方	47
ブランドマトリックス	7, 9, 15, 42-45
ブランドマトリックスの作り方	43
「ブルー・イズ・ザ・ニュー・ブラック」	64
ブレインストーミング	4, 6, 9, 15-21
ブレインストーミングの方法	17
ブレインストーム	16
プレゼンテーション資料の作り方	109
『弁論術』	82
放射思考	22
ポルチマーケット	34
ポルチモア・メトロ	54
ポルチモア国立水族館	52

ま

マインドマップ	6, 15, 25
マインドマップの作り方	23
モザイク模様のグリッド	124
モジュール式のデザイン手法	126
モジュール式のデザイン要素	134

や

ユーザー・エクスペリエンス	96

ら

ルック＆フィール	120, 132, 136
レイヤーケーキ	18